Lo que me hubiera gustado saber...
¡antes de casarme!

Consejos para novios,
recién casados y los matrimonios
que quieren reencontrarse

GARY CHAPMAN

PORTAVOZ

EDITORIAL PORTAVOZ
P.O. Box 2607
Grand Rapids, Michigan 49501 USA
Visítenos en: www.portavoz.com

ISBN 978-0-8254-1229-5

4 5 6 / 15 14 13

CONTENIDO

Introducción

E n mis estudios superiores, hice la especialidad de Antropología. Más tarde, realicé un máster en el mismo campo. Durante más de cuarenta años, he estudiado las culturas humanas. Hay una conclusión inevitable: el matrimonio entre un hombre y una mujer es el fundamento de todas las sociedades. La realidad es que cuando los niños se convierten en adultos, la mayoría de ellos se casa. En los Estados Unidos, cada año hay más de dos millones de matrimonios; o sea, cuatro millones de personas que responden "Sí, quiero" a la pregunta: "¿Quieres a este hombre como legítimo esposo?" o "¿Quieres a esta mujer como legítima esposa?". Casi todas estas parejas están deseando ese "Y vivieron felices...". Nadie se casa esperando ser desdichado o hacer desdichada a su pareja. No obstante, todos sabemos que la tasa de divorcio en las culturas occidentales es de aproximadamente el 50%, y el porcentaje más alto de divorcios se produce en los primeros siete años de matrimonio.

Las personas no se casan pensando en divorciarse. El divorcio es el resultado de una falta de preparación para el matrimonio y de la incapacidad para aprender a trabajar juntos como compañeros de equipo en una relación íntima. Lo que resulta irónico es que reconozcamos la necesidad de educación en todos los demás asuntos de la vida y no podamos reconocer esa misma necesidad en lo que se refiere al matrimonio. La mayoría de las personas pasa mucho más tiempo preparándose para lo que es su vocación que preparándose para el matrimonio. Por tanto, no debería sorprender que tengan más éxito en sus asuntos vocacionales que en la consecución del objetivo de la felicidad marital.

> Este no es un libro sobre cómo planear una boda. Este es un libro sobre cómo tener éxito en el matrimonio.

La decisión de casarse influye en la vida mucho más que casi cualquier otra decisión. No obstante, las personas continúan apresurándose hacia el matrimonio con poca o ninguna preparación para hacer que este sea un éxito. De hecho, la mayoría de las parejas presta mucha más atención en planificar la boda que en planificar el matrimonio. Las celebraciones duran solo unas horas, mientras que el matrimonio, supuestamente, durará toda la vida.

Este no es un libro sobre cómo planear una boda. Este es un libro sobre cómo tener éxito en el matrimonio. He pasado los últimos treinta y cinco años de mi vida aconsejando a parejas cuyos sueños de felicidad conyugal chocaron con el mundo real de los platos sucios, las facturas sin pagar, los horarios de trabajo conflictivos y los niños que lloran. Con mucho trabajo y meses de consejería, muchas de estas parejas han podido tener buenos matrimonios. Doy gracias por ello.

Estoy convencido de que muchos de estos problemas podrían haberse evitado si la pareja se hubiera tomado el tiempo suficiente para prepararse bien para el matrimonio. Por eso escribo este libro.

Quiero que usted aprenda de los errores de ellos. Es mucho menos doloroso que aprender de los suyos propios. Quiero que tenga el tipo de matrimonio en el que ambos se ofrecen el cariño y el apoyo que desean. Sin embargo, puedo asegurarle que ese tipo de matrimonio no sucederá simplemente por pasar al altar. Debe tomarse el tiempo necesario para descubrir y practicar los principios maritales que han demostrado que un matrimonio así es posible.

A las personas que no tengan una relación en este momento y que no estén pensando en casarse inmediatamente, el libro les proporcionará una guía para pasar de la soltería al matrimonio. A las parejas que tengan una relación, pero que todavía no estén comprometidas para casarse, les ayudará a decidir si quieren anunciar sus planes de matrimonio y cuándo quieren hacerlo. A las parejas comprometidas, les ayudará a examinar los cimientos de su relación y a aprender las habilidades necesarias para construir un matrimonio exitoso.

Cuando miro hacia atrás a los primeros años de mi matrimonio, desearía que alguien me hubiera contado lo que voy a contarle. Honestamente, creo que lo hubiera escuchado. Sin embargo, en mi generación, el concepto de "preparación para el matrimonio" no existía. Espero que hablarle abiertamente de mi propio matrimonio le ayude a evitar algunas de las penas y frustraciones que Karolyn y yo experimentamos.

Este libro no es solo para leer. Es un libro para experimentar. Cuanto más se implique en las realidades que se discuten en las páginas siguientes y más honestamente comparta sus pensamientos y sentimientos sobre los temas, y más respete las opiniones del otro y encuentre soluciones factibles a sus diferencias, más preparado estará para el matrimonio. Cuanto más ignore estos temas y decida creer que el sentimiento eufórico que sienten uno hacia otro les hará superarlo todo, más se acercará al fracaso. Es mi deseo que usted se prepare para el matrimonio como si fuera la relación más importante que tendrá jamás. Si le ofrece la mejor y más completa atención, estará en camino de ver que sus sueños de felicidad marital se convierten en realidad.

Y recuerde: ¡el día de su boda es solo el principio!

—Gary Chapman

Me hubiera gustado saber que…

Estar enamorado no es la BASE ADECUADA *para construir un* MATRIMONIO EXITOSO

D ebería haber sido obvio, pero no me di cuenta. Nunca había leído un libro sobre el matrimonio, así que lo que yo pensaba no se ajustaba a la realidad. Solo sabía que sentía algo por Karolyn que no había sentido nunca por ninguna otra muchacha. Cuando nos besábamos, era como estar en el cielo. Cuando la veía después de una larga ausencia, realmente sentía escalofríos. Me gustaba todo de ella. Me gustaba su aspecto, su forma de hablar, su modo de caminar y, en especial, me cautivaban sus ojos castaños. Incluso me gustaba su madre y me ofrecí voluntario para pintarle la casa —cualquier cosa con tal de demostrarle a esta jóven cuánto la quería—. No podía imaginarme que ninguna otra fuera tan maravillosa como ella. Creo que ella pensaba y sentía por mí lo mismo que yo por ella.

Con todos estos pensamientos y sentimientos, pretendíamos hacernos felices mutuamente el resto de nuestras vidas. No obstante, seis meses después de casarnos, ambos éramos más desdichados de lo que nunca pudimos imaginar. Los sentimientos de euforia habían desaparecido, y en su lugar, aparecieron los de dolor, rabia, decepción y resentimiento. Esto es algo que no habíamos previsto cuando estábamos "enamorados". Creíamos que las percepciones positivas y los sentimientos que teníamos uno hacia el otro nos acompañarían el resto de nuestras vidas.

En los últimos treinta años, he impartido sesiones de consejería prematrimonial a cientos de parejas. Me he dado cuenta de que la mayoría de ellas tiene la misma perspectiva limitada sobre estar enamorados. A menudo planteo a las parejas en la primera sesión la siguiente pregunta: "¿Por qué quieren casarse?". Sea cual fuese la respuesta, siempre acaban dándome la gran razón. Y esa gran razón es casi siempre la misma: "Porque nos queremos". Luego les hago una pregunta muy injusta: "¿Qué quieren decir con eso?". Normalmente se sorprenden ante esta pregunta. La mayoría dice algo sobre el sentimiento profundo que ambos tienen hacia el otro. Llevan sintiéndolo algún tiempo y, de alguna manera, es diferente a lo que habían sentido antes por otras personas con las que habían salido. A menudo se miran uno a otro, miran al techo, sonríen, y después uno de ellos dice: "Bueno, ehhh... ya sabe...". En esta etapa de mi vida, creo que yo sí lo sé, pero dudo que ellos lo sepan. Temo que tengan la misma percepción de estar enamorados que Karolyn y yo teníamos cuando nos casamos. Y ahora sé que estar enamorados no es base suficiente para que el matrimonio tenga éxito.

Hace algún tiempo, recibí una llamada de un joven que me pidió que oficiara su boda. Le pregunté cuándo quería casarse y descubrí que la boda era en menos de una semana. Le expliqué que solía tener entre seis y ocho sesiones de consejería con los que deseaban contraer matrimonio. Su respuesta fue la típica: "Bueno, para ser sincero, no creo que necesitemos ningún tipo de consejo. Nos queremos de verdad, y no creo que tengamos problemas". Yo sonreí y me lamenté interiormente: otra víctima de la ilusión de "estar enamorado".

A menudo hablamos de "estar enamorados". Escuchar esta frase me hace recordar una cacería en la selva. Se hace un agujero por donde va a pasar el animal a beber agua, se cubre con ramas y hojas. El pobre animal corre concentrado únicamente en su objetivo cuando, de repente, cae en un pozo y queda atrapado.

Así nos pasa con el amor. Vamos caminando tranquilamente haciendo nuestras cosas cuando, de repente, miramos al otro lado de la habitación, o al final del pasillo, y allí está él o ella, y ¡zas!, "nos enamoramos". No hay nada que podamos hacer. Está totalmente fuera de nuestro control. Sabemos que nuestro destino es el matrimonio, así que cuanto antes, mejor. Se lo contamos a los amigos, y como ellos funcionan según ese mismo principio, coinciden con nosotros en que estamos enamorados y que es hora de casarse.

A menudo no tomamos en consideración el hecho de que nuestros intereses sociales, espirituales e intelectuales están a kilómetros de distancia. Nuestros sistemas de valores y nuestros objetivos son contradictorios, pero estamos enamorados. La gran tragedia que se desprende de esta percepción del amor es que al año de la boda, la pareja se sienta frente a un consejero matrimonial para decir: "Ya no nos queremos". Están preparados para separarse. Después de todo, si el "amor" se ha acabado, "no se puede pretender que sigamos juntos".

Cuando aparece "el hormigueo"

Tengo una palabra para describir las emociones que he descrito anteriormente. Las llamo el "hormigueo". Sentimos un calor, una excitación, una sensación de hormigueo ante una persona del sexo opuesto. Es ese hormigueo el que nos impulsa a salir con él (o con ella) a comer una hamburguesa. A veces el hormigueo desaparece en la primera cita. Averiguamos algo de la otra persona que sencillamente apaga por completo nuestras emociones. La siguiente vez que nos invitan a comer una hamburguesa, no tenemos hambre. Sin embargo, con otra persona, cuanto más estamos juntos, mayor es el hormigueo. Tras algún tiempo, nos damos cuenta de que pensamos en la otra persona día y noche. Nuestros pensamientos son de naturaleza obsesiva. La vemos como la persona más maravillosa y excitante que hemos conocido. Queremos estar juntos en todo momento. Soñamos con pasar el resto de nuestras vidas haciendo feliz a la otra persona.

Por favor, no me malinterprete. Creo que el hormigueo es importante. Es algo real, y estoy a favor de su supervivencia. Pero no es la base de un matrimonio satisfactorio. No estoy sugiriendo que uno deba casarse sin sentir ese hormigueo. Esos sentimientos excitantes y cálidos, esos escalofríos, ese sentido de aceptación, la emoción de ese roce que hace que aparezca ese hormigueo es la guinda del pastel. Pero no se puede tener el pastel solo con la guinda. Es vital considerar los otros factores que discutimos en este libro antes de tomar una decisión sobre el matrimonio.

Estar enamorado es una experiencia emocional obsesiva. Sin embargo, las emociones cambian, y las obsesiones se desvanecen. Los estudios indican que la vida promedio de la obsesión de "estar enamorado" es de dos años.[1] Para algunos puede durar un poco más, para otros, un poco menos. Pero el término medio es de dos años. Después descendemos de esa altura emocional, y aquellos aspectos de la vida que descartamos en el momento de euforia comienzan a hacerse importantes. Empiezan a surgir nuestras diferencias y a menudo acabamos discutiendo con la persona que un día creíamos que era perfecta. Hemos descubierto por nosotros mismos que estar enamorados no es la base de un matrimonio feliz.

A los que están saliendo con alguien en este momento y quizá estén pensando en el matrimonio, los animaría a leer el apéndice de este libro, que está en la página 127. Creo que el propósito principal de salir con alguien es conocerse y examinar los fundamentos intelectuales, emocionales, sociales, espirituales y físicos del matrimonio. Solo entonces se podrá tomar una decisión acertada:

casarse o no casarse. Las preguntas de los ejercicios de aprendizaje del Apéndice le ayudarán a discutir estos fundamentos.

Hablemos de ello

1. En una escala del 0-10, ¿Cuán fuerte es el "hormigueo" que siente hacia la persona con la que está saliendo?

2. Si en promedio el hormigueo dura dos años, ¿cuánto más espera sentir esos sentimientos eufóricos?

3. ¿Hasta qué punto ha explorado los asuntos más importantes de compatibilidad en las siguientes áreas?

   — diálogo intelectual

   — control emocional

   — intereses sociales

   — unidad espiritual

   — valores comunes

4. Si desea explorar estas áreas en mayor profundidad, puede que le interese utilizar las preguntas encontradas en el Apéndice: "Cómo tener una relación de noviazgo sana", en las páginas 127-137.

Me hubiera gustado saber que...

El AMOR ROMÁNTICO *tiene dos* ETAPAS

Estaba en el aeropuerto de Chicago cuando conocí a Laura, que iba a pasar el fin de semana con su prometido. Cuando me preguntó adónde iba, le dije:

—Voy a Milwaukee, Wisconsin, a dar un seminario sobre el matrimonio mañana.

—¿Qué se hace en un seminario sobre el matrimonio? —preguntó.

—Intento ofrecer ideas prácticas para que las personas trabajen en su matrimonio —le contesté.

Con una mirada inquisitiva, ella preguntó:

—¿Por qué hay que trabajar en un matrimonio? ¿Quererse uno a otro no es lo que importa?

Supe que era sincera, porque yo tenía esa misma percepción antes de casarme.

> Con una mirada inquisitiva, ella preguntó: "¿Por qué hay que trabajar en un matrimonio?".

Como ninguno de los dos teníamos prisa por abordar el siguiente vuelo, me tomé el tiempo para explicarle que había dos etapas en el amor romántico. La primera etapa exige poco esfuerzo. Nos vemos empujados por sentimientos de euforia (que ya he descrito en el capítulo anterior). A esta etapa solemos denominarla "estar enamorados". Cuando estamos *enamorados*, hacemos cosas libremente uno por otro, sin pensar en el costo o el sacrificio. Conducimos quinientos kilómetros o cruzamos medio país en avión para pasar el fin de semana juntos. Laura afirmó con la cabeza. La persona que amamos parece perfecta; al menos para nosotros. Rápidamente añadí:

—Bueno, puede que tu madre piense de forma distinta. Puede que diga: "Cariño, has tenido en cuenta que...".

Laura sonrió y dijo:

—Sí, he escuchado esa charla.

En esta etapa del amor romántico, la pareja no tiene que *trabajar* en su relación. Puede que empleen mucha energía en hacer cosas uno para el otro, pero no lo consideran un trabajo. Tienden a utilizar la palabra *encantado*. Se regocijan ante la oportunidad de hacer algo importante por la otra persona. Quieren hacerse mutuamente felices y a menudo lo consiguen. No obstante, como ya dije en el capítulo uno, la duración promedio de esta etapa inicial del amor romántico es de dos años. No nos quedamos en la etapa eufórica del amor para siempre. En realidad, esto es bueno porque es difícil concentrase en algo más cuando se está *enamorado*. Si se enamora estando en la universidad, es muy probable que sus notas bajen. Mañana tiene un examen sobre la Guerra de 1812. ¿A quién le importa la Guerra de 1812 cuando se está enamorado? La educación parece algo trivial; lo que importa es estar con la persona amada. Todos conocemos a alguien que abandona la universidad y decide casarse porque la persona de la que está enamorado se muda a otro estado y quiere que la acompañe.

Si la naturaleza obsesiva de la euforia de estar *enamorado* se alargara veinte años, pocos podríamos terminar nuestros estudios o desarrollar nuestra vocación potencial. No nos implicaríamos en absoluto en temas sociales y filantrópicos. Cuando estamos *enamorados*, el resto del mundo no importa. Nos centramos totalmente en estar juntos y hacernos felices.

Antes de casarme, nadie me informó de que hubiera dos etapas en el amor romántico. Sabía que estaba enamorado de Karolyn y suponía que iba a tener estos sentimientos el resto de mi vida. Sabía que ella me hacía feliz y quería hacer lo mismo por ella. Cuando descendí de esa altura emocional, me sentí desilusionado. Recordaba las advertencias de mi madre y tenía un pensamiento recurrente: *Me he casado con la persona equivocada*. Mi razonamiento era que si me hubiera casado con la persona adecuada, seguramente mis sentimientos no se habrían apagado tan rápido después de casarme. Eran pensamientos penosos que resultaba difícil quitarme de la cabeza. *Nuestras diferencias parecen tan obvias ahora. ¿Cómo no las vi antes?*

> La segunda etapa del amor romántico es mucho más deliberada que la primera.

La segunda etapa del amor

Ojalá alguien me hubiera dicho que lo que estaba pensando y sintiendo era normal; lo cierto es que hay dos etapas en el amor romántico, y yo tenía que hacer la transición. Desdichadamente, no había nadie allí para darme esta información. Si me hubieran explicado lo que voy a decirle, me habría evitado años de conflictos matrimoniales. Lo que habría descubierto es que la segunda etapa del amor romántico es mucho más deliberada que la primera. Y sí, es necesario trabajar para mantener vivo el amor emocional. No obstante, para aquellos que se esfuerzan en hacer la transición de una etapa a otra, las recompensas son maravillosas.

Como consejero matrimonial joven, empecé a descubrir que lo que nos hace sentirnos amados varía según la persona; y cuando las parejas descienden de la altura emocional de estar *enamorados*, a menudo echan de menos que el otro se esfuerce por expresar amor. Ella dice:

—Siento que ya no me quiere.

Y él dice:

—No lo entiendo. Trabajo mucho. Limpio el coche. Corto el césped todos los fines de semana. Ayudo en la casa. No sé qué más quiere.

Ella responde:

—Él hace todo eso, sí. Es un hombre muy trabajador. —Y añade con lágrimas en los ojos—: Pero casi no hablamos.

Semana tras semana, escuchaba historias similares a esta. Así que decidí consultar las notas que había tomado mientras aconsejaba a las parejas, y preguntarme a mí mismo: *Cuando alguien dice: "Siento que mi pareja no me ama", ¿qué están buscando? ¿Qué quieren? ¿De qué se quejan?* Sus quejas entran dentro de cinco categorías, que más tarde las denominé los cinco lenguajes del amor.

Las dinámicas son muy similares a las de los lenguajes hablados. Todos crecemos hablando un idioma con un dialecto. Yo crecí hablando inglés con acento sureño. Pero todo el mundo tiene un idioma y un dialecto que es el que entiende mejor. Lo mismo ocurre con el amor. Todos tenemos un lenguaje del amor principal. Uno de los cinco lenguajes nos afecta más emocionalmente que los otros cuatro. También descubrí que rara vez el esposo y la esposa tienen el mismo lenguaje del amor. Por naturaleza tendemos a hablar nuestro propio lenguaje. Aquello que hace que nos sintamos amados es lo que hacemos por la otra persona. Pero si no es su lenguaje, lo que hacemos no significará lo mismo para ellos. En el ejemplo anterior, el esposo hablaba el lenguaje de los *actos de servicio*. Limpiaba el coche, cortaba el césped, ayudaba en la casa. Para él, esa era su manera de expresar el amor. Pero el lenguaje de ella era el de *tiempo de calidad*. Ella decía: "Casi no hablamos". Lo que a ella le hacía sentirse amada era que él le dedicara toda su atención hablando, compartiendo cosas de la vida, escuchando y comunicándose. Él le estaba expresando sinceramente su amor, pero no lo hacía en el principal lenguaje del amor de ella.

El libro que surgió de esta investigación se titula *Los cinco lenguajes del amor: El secreto del amor duradero*. Se han vendido cinco millones de copias en inglés y ha sido traducido a treinta y ocho idiomas de todo el mundo. Ha ayudado literalmente a millones de parejas a aprender a conectarse entre sí y a mantener vivo el amor emocional. Estas parejas han hecho la transición desde la etapa uno a la dos. Han aprendido a expresar el amor de forma eficaz.

Este es un breve resumen de los cinco lenguajes del amor.

1. **Palabras de afirmación**. Este lenguaje utiliza las palabras para reafirmar a la otra persona. "Aprecio de verdad que hayas limpiado el coche. Está genial". "Gracias por sacar la basura. Eres el mejor". "Te sienta muy bien esa ropa". "Me encanta que seas tan optimista". "Admiro la manera en que ayudaste a tu madre". "Tu sonrisa resulta contagiosa. ¿Viste cómo todo parecía iluminarse cuando entraste en la habitación?". Todas estas son palabras de reafirmación. Sus palabras pueden centrarse en la personalidad del otro, o en su apariencia, o en algo que ha hecho por los demás. Para hablar este lenguaje, hay que buscar cosas que admiremos o apreciemos en la otra persona y expresar verbalmente nuestra admiración. Si el principal lenguaje del amor de la otra persona son las *palabras de afirmación*, nuestras palabras serán como lluvia que cae en terreno seco. Nada expresará mejor el amor que las palabras de afirmación.

2. **Actos de servicio**. Para estas personas, lo actos expresan más que las palabras. Si usted le dice palabras de afirmación como "Te admiro, te aprecio, te amo" a una persona de este

tipo, probablemente ella diga: "Si me quieres tanto, ¿por qué no me ayudas con las cosas de la casa?". Si los *actos de servicio* es su principal lenguaje del amor, limpiar el coche, cortar el césped, ayudar en casa y cambiar el pañal al bebé es lo que lo hará sentirse amado. La clave para amar a estas personas es averiguar qué cosas quiere que haga. Y después hacerlas de forma continuada.

3. **REGALOS.** Para algunas personas, lo que más les hace sentirse amadas es recibir regalos. El regalo les comunica: "Estaba pensando en mí. Mira lo que me ha comprado". Los mejores regalos son aquellos que usted sabe que serán apreciados. Regalarle una caña de pescar cuando a ella no le gusta pescar probablemente no le comunique demasiado bien el amor que siente por ella. ¿Cómo averiguar lo que la otra persona quiere recibir? Haciendo preguntas y observando. Observe los comentarios que hace cuando recibe un regalo de otros miembros de la familia. Escuche atentamente y descubrirá el tipo de regalos que aprecia más. Presté también atención a los comentarios que hace cuando está mirando un catálogo o viendo la teletienda. Si dice: "Me gustaría tener uno de esos", tome nota. También puede pedir abiertamente: "Hazme una lista de cosas que te gustaría que te regalase por si algún día quisiera regalarte algo". Es mejor regalar algo que haya pedido a sorprenderlo con un regalo que no desea. No todos los regalos tienen por qué ser caros. Una rosa, algo dulce, una tarjeta, un libro... cualquier cosa que le comunique lo profundamente que ama a la persona cuyo lenguaje del amor es el de los *regalos*.

4. **TIEMPO DE CALIDAD.** El tiempo de calidad es dar a la otra persona atención completa. No es sentarse en la misma habitación a ver la televisión. Ahí otro está captando su atención. Se trata de estar en la misma habitación con la tele apagada, la revista sobre la mesa, mirarse el uno al otro y hablar y escuchar. Puede ser también dar un paseo juntos con el único propósito de estar juntos y no el de hacer ejercicio. Las parejas que van a un restaurante y no se hablan no pasan un *tiempo de calidad*. Simplemente sacian su necesidad física de comer. Tiempo de calidad significa: "Estoy haciendo esto porque deseo estar contigo", ya se trate de plantar un jardín o de ir de acampada; el propósito final es pasar tiempo juntos. Para algunos, no hay nada que les haga sentirse más amados que *el tiempo de calidad*.

5. **Contacto físico**. Hace mucho tiempo que se conoce el poder emocional del contacto físico. Las investigaciones indican que los niños pequeños a los que se acaricia y se mece están mejor emocionalmente que aquellos que pasan largos períodos de tiempo sin sentir el contacto físico. Cada cultura tiene su código de lo que es adecuado o inadecuado en cuanto al contacto físico entre miembros del sexo opuesto. El contacto físico apropiado es cariñoso. El inadecuado es degradante. Para la persona cuyo lenguaje amoroso principal es el *contacto físico*, no hay nada más significativo que el contacto adecuado.

Cómo encontrar su lenguaje del amor

A continuación señalamos tres maneras de ayudarle a descubrir cuál es su principal lenguaje del amor. Primero, *observe su propio comportamiento*. ¿Cómo suele expresar usted el amor y el aprecio que siente por los demás? Si siempre está acariciando la espalda de las personas o dando abrazos, puede que su lenguaje principal sea el *contacto físico*. Si ofrece con facilidad palabras de ánimo a los demás, es muy probable que *palabras de afirmación* sea su lenguaje del amor. Si es de los que hacen regalos, quizá sea porque también le guste *recibir regalos*. Si disfruta comiendo o dando un paseo con un amigo, probablemente el *tiempo de calidad* sea su lenguaje del amor. Si siempre está buscando formas de ayudar a otros, *actos de servicio* puede muy bien ser su lenguaje del amor. El lenguaje que usted habla es muy probable que sea el lenguaje que desea recibir.

Segundo, *¿de qué se queja?* En cualquier relación, ¿de qué suele quejarse? Si a menudo se queja de que las personas no le ayudan, entonces es muy posible que *actos de servicio* sea su lenguaje. Si le dice a su pareja: "Nunca pasamos tiempo juntos", está pidiendo que le concedan *tiempo de calidad*. Si su pareja se va en viaje de negocios, y usted le pregunta a su regreso: "¿No me has traído nada?", está demostrando que *recibir regalos* es su principal lenguaje del amor. Si dice: "Creo que nunca me tocas a menos que dé yo el primer paso", está expresando que el *contacto físico* es su lenguaje de amor. Si se queja y dice: "¡Nunca hago nada bien!", su queja indica que las *palabras de afirmación* le importan mucho. Las quejas revelan lo que más le gustaría recibir de los demás.

Tercero, *¿qué pide con más frecuencia?* Si su amigo se va de viaje de negocios y usted le dice: "Cuídate y tráeme algo", está indicando que los *regalos* le importan mucho. Si dice: "¿Damos un paseo esta tarde?", está exigiendo *tiempo de calidad*. Si pide un masaje en la espalda, demuestra que le importa mucho el *contacto físico*. Si a menudo les pide a las personas que le ayuden, su lenguaje del amor probablemente sea el de *actos de servicio*. Cuando pregunta: "¿Lo he hecho bien?", está pidiendo *palabras de afirmación*.

Observe cómo expresa más a menudo el amor y el aprecio por los demás; haga una lista de sus quejas y de sus peticiones, y así probablemente averiguará cuál es su principal lenguaje del amor. Pida a su pareja que responda las mismas tres peguntas, y descubrirán cuál es su lenguaje del amor.

Está claro que aprender a hablar un lenguaje del amor distinto al suyo requerirá cierto esfuerzo. A una persona que no haya crecido recibiendo palabras de afirmación, le resultará difícil ofrecerlas. Una persona que haya crecido en una familia poco dada al contacto físico tendrá que aprender a hablar el lenguaje del contacto físico. Lo positivo es que todos los lenguajes se pueden aprender, y cuanto más se hablan, más fáciles resultan.

El lenguaje del amor de mi esposa son los *actos de servicio*. Por eso paso la aspiradora, lavo los platos y saco la basura. Es un pequeño precio que pagar con tal de mantener vivo el amor. Mi lenguaje es el de las *palabras de afirmación*. Así que nunca me voy de casa sin escuchar una palabra positiva de parte de mi esposa. Sin vacilar, puedo decir que la profundidad emocional de nuestro mutuo amor es mucho más profundo que en aquellos primeros días en los que nos dejábamos llevar por los sentimientos eufóricos. Mantener vivo el amor romántico dentro del matrimonio exige hacer una buena transición desde la etapa uno a la dos. Aprender el lenguaje principal del amor del otro mientras se está en la fase de noviazgo hará que la transición sea mucho más fácil. Eso es lo que yo deseo para usted.

Hablemos de ello

1. ¿Cuál cree que es su principal lenguaje del amor? ¿Por qué?

2. Si está saliendo con alguien, ¿cuál cree que es el principal lenguaje del amor de su pareja?

3. Comente cómo cree que esta información servirá para mejorar su relación.

4. Si no han leído *Los cinco lenguajes del amor para solteros*, podrían leerlo juntos y discutir sus implicaciones en todas sus relaciones.

Me hubiera gustado saber que...

El refrán "DE TAL PALO, TAL ASTILLA" no es un mito

No estoy sugiriendo que la mujer con la que se case vaya a ser exactamente como su madre, ni el hombre, como su padre. Estoy diciendo que ambos están muy influenciados por sus padres.

Si él tiene un padre controlador que abusa verbalmente de los demás, no hay que sorprenderse si en el plazo de diez años, él tiene rasgos similares. Hasta cierto punto, todos somos producto de nuestro entorno. Las investigaciones indican que los maltratadores casi siempre han sido maltratados de niños.[1]

Puede que se esté preguntando: "Pero ¿no es posible aprender de su mal ejemplo y cambiar nuestro comportamiento?". La respuesta es sí, y la palabra importante aquí es "aprender". Si el hijo de un maltratador no da los pasos adecuados para entender el maltrato —por qué su padre es un maltratador y qué tiene que hacer para romper ese patrón de comportamiento—, es probable que acabe repitiéndolo.

Si la madre de una chica es alcohólica, se sabe que estadística-
mente ella tiene más probabilidades de convertirse en alcohólica.[2]
Sin embargo, no está *destinada* al alcoholismo. Si toma las medidas
correctas para entender el alcoholismo y aprende formas construc-
tivas de responder al estrés y a la decepción, puede romper la cadena
del alcoholismo. Cuando usted empieza a salir con alguien, si uno
de los dos tiene un padre con un estilo de vida destructivo, lo más
responsable es asistir a clases, leer libros, hablar con consejeros y
discutir entre ambos lo que se está aprendiendo. No esconda esos
temas debajo de la alfombra.

Por otro lado, si uno mira la apariencia física del padre del mismo
sexo, se puede ver la apariencia física que se tendrá dentro de veinte
años. Si el padre es calvo, el hijo proba-
blemente lo será dentro de veinte años.
Si la madre es activa y enérgica, así será
la hija.

> La mayoría de nosotros somos más parecidos a nuestros padres de lo que somos conscientes.

Hace poco, mi esposa y yo pasamos
una semana en la playa con nuestra hija
Shelley, su esposo John y nuestros dos
nietos. La primera mañana después del desayuno, nos llevamos la
sombrilla a la playa. Nuestro yerno estaba arrodillado, y con una ba-
rrena estaba abriendo un agujero en la arena para que pudiésemos
colocar la sombrilla. Con una sonrisa en el rostro, nuestra hija, con
un cubo en la mano, salpicaba con agua fría la espalda de su esposo.
Yo le dije: "Estás ejemplificando uno de los puntos de mi libro: 'De
tal palo, tal astilla'. Ese es justamente el tipo de cosa que haría tu madre". Más tarde, ese mismo día, cuando John se iba a la tienda de co-
mestibles, Shelley nos dijo, lo suficientemente alto como para que él
la escuchara: "Es un marido maravilloso". Eso también es lo mismo
que su madre me dice en muchas ocasiones. Aunque no sé cuánto de
verdad hay en esta frase, debo confesar que me encanta escucharla.
Y me da la impresión de que a John le ocurre lo mismo.

Ya estemos hablando de características positivas o negativas, la mayoría de nosotros somos más parecidos a nuestros padres de lo que somos conscientes. Recuerdo que un joven esposo me dijo una vez: "Sabía que su madre no utilizaba maquillaje. Ella vivió en la 'generación *hippy*'. Pero nunca pensé que Julia decidiría dejar de ponérselo. Ella se maquilla desde que la conozco. Nunca hablamos del tema cuando salíamos porque nunca creí que eso fuera a ser un problema. Pero últimamente tenemos largas discusiones sobre los pros y contras de llevar maquillaje. No creo que yo vaya a ganar esta discusión".

Los patrones de comunicación son otra área en la que tendemos a parecernos a nuestros padres. Por ejemplo, si usted nota que la madre de ella interrumpe a menudo a su esposo cuando habla y le corrige detalles de la historia que está contando con frases del tipo: "No, no era martes, era miércoles" o "No fue en 2005, fue en 2006", puede esperar que la hija haga lo mismo. Quizá ya haya observado este comportamiento en ella cuando usted habla. Si esto lo irrita, ahora es el momento de hablar de ello. Si el patrón no cambia antes del matrimonio, no va a cambiar automáticamente cuando se casen.

"Su madre habla todo el tiempo. Me siento atrapado en su presencia".

Un joven dijo una vez: "Me muero de miedo cuando sus padres están cerca. Su madre habla todo el tiempo. Casi no respira entre frase y frase. Cuenta elaboradas historias, con todo lujo de detalles. Me siento atrapado en su presencia. Nunca encuentra uno el momento adecuado para salir a beber agua. Anita es un poco así algunas veces, y tengo miedo de que se vuelva como su madre. No creo que pueda soportar eso". Me encantó que expresara su preocupación mientras todavía eran novios. Me di cuenta de que Anita no entendía muy bien lo que él estaba diciendo. Así que sugerí que la próxima vez que estuviera con su suegra, grabara treinta minutos de la conversación.

Más tarde, cuando Anita escuchó la grabación, se dio cuenta de que su madre a menudo hacía preguntas y, casi sin dar tiempo a la otra persona a responder, se lanzaba de nuevo a hablar sin parar. Así comprendió que este tipo de patrón conversacional podía no solo resultar ofensivo, sino que además impedía el auténtico diálogo.

Como hemos crecido con nuestros padres, no pensamos que sus patrones de comunicación son insanos. Para nosotros, simplemente es su manera de ser. A menudo es alguien externo a la familia el que nos hace darnos cuenta de por qué es necesario cambiar ese patrón de comunicación. Al estar influidos por los patrones de comunicación de nuestros padres, es muy probable que los adoptemos. Lo bueno es que estos patrones de comunicación se pueden cambiar, y el momento de cambiarlos es durante el noviazgo.

Si observa que la madre y el padre de su novio discuten continuamente y se da cuenta de que el padre acostumbra a irse de la habitación dejando a su esposa con la palabra en la boca, es razonable creer que su futuro esposo actúe de la misma manera cuando discutan después de casados. A menos, claro, que él lea este libro, y los dos encuentren una manera más sana de resolver los conflictos.

Observe también los actos de cortesía que su padre y su madre se ofrecen mutuamente. ¿Su padre le abre la puerta del coche a su madre? Si es así, su novia esperará que usted también lo haga. ¿Su padre se quita la gorra cuando entra en casa? Si no lo hace, lo mismo se puede esperar que haga su hijo. ¿La madre de su novia responde antes de que su padre tenga ocasión de hacerlo? Entonces es posible que ella haga lo mismo. ¿El padre de él mira a su esposa mientras ella está hablando o mira la tele sin responder? Cualquiera que sea su comportamiento, es muy posible que el hijo lo repita en un futuro. ¿La madre de ella se queja continuamente para que él limpie el garaje o haga cualquier otra tarea que ella desea que haga? Si es así, lo mismo se puede esperar que haga la hija.

¿Su padre es tranquilo y reservado, o nervioso y activo? ¿Su madre es independiente, toma sus propias decisiones y rara vez consulta a su esposo? ¿Su madre cocina? ¿Su padre limpia el coche? ¿Su madre es una mujer casera o tiene una vocación definida? ¿Su padre tiene un negocio propio o trabaja para una empresa? ¿Su padre corta el césped o contrata a alguien para hacerlo? ¿Su madre prepara álbumes de fotos? ¿Su madre es muy activa dentro de la iglesia? ¿Y su padre? Las respuestas a estas preguntas le dirán lo que puede esperar de la persona con la que está pensando en casarse. Si cualquiera de estas respuestas le molesta, es el momento de hablar sobre ello abiertamente. La solución está en aceptar estos rasgos o negociar para cambiarlos.

En la cultura actual en la que todo va tan deprisa, a menudo se pasa poco tiempo con los padres de las respectivas parejas. Se llega a la boda sin ninguna idea clara de cuál es el modelo parental en el que ha crecido la otra persona. Incluso cuando las parejas pasan tiempo con los futuros suegros, no prestan demasiada atención a los patrones de comportamiento y comunicación que tienen. Pueden expresar aprecio por las cosas positivas que observan en ellos, pero es muy probable que ignoren los aspectos negativos de su forma de hablar o comportarse, porque no se pueden imaginar que la persona con la que están saliendo llegue a adoptar algún día esos comportamientos negativos.

Lo que digo es que es muy probable que se adopten esos comportamientos, si no se presta conscientemente atención y se dan los pasos necesarios para evitar caer en los mismos patrones que se han observado en la infancia.

Por eso animo a las parejas a pasar tiempo con los padres del otro para llegar a conocer su personalidad, sus patrones de comunicación, sus valores y, especialmente, la forma en que se comportan uno con otro. Este es el modelo que más ha influido en la persona con la que está saliendo. Si observa cosas que le molestan, es necesario que lo discuta ampliamente con su pareja. Si las preocupaciones en verdad son serias, es necesario que hablen de los pasos que darán, para que el viejo refrán "de tal palo, tal astilla" no se haga realidad en su relación.

Hablemos de ello

Para el hombre:

1. Haga una lista de las cosas que le gustan de su padre. Después haga otra con los rasgos que considera negativos. Si la mujer con la que sale pasa bastante tiempo con el padre de usted, pídale que confeccione listas similares sobre lo que haya observado en él.

2. Utilice estas listas como base para comentar en qué le gustaría diferenciarse de su padre.

3. ¿Qué pasos específicos va a dar para conseguir esos cambios?

Para la mujer:

1. Haga una lista de las cosas que le gustan de su madre. Después haga otra con los rasgos que considera negativos. Si el hombre con el que sale pasa tiempo suficiente con la madre de usted, pídale que haga listas similares sobre lo que haya observado en ella.

2. Utilice estas listas como base para comentar en qué le gustaría diferenciarse de su madre.

3. ¿Qué pasos específicos va a dar para conseguir esos cambios?

Me hubiera gustado saber que...

Los desacuerdos se
PUEDEN RESOLVER
sin DISCUTIR

Cuando éramos novios, nunca se me pasó por la cabeza que llegáramos a tener algún desacuerdo importante. Parecíamos muy compatibles. Yo estaba encantado de hacer cualquier cosa que ella me pidiera, y ella parecía dispuesta siempre a seguir mis sugerencias. Esa fue una de las cosas que me atrajo de ella. Ni se me ocurrió pensar que algún día llegaríamos a discutir.

Sin embargo, desde la luna de miel y en los primeros años de nuestro matrimonio, nos vimos envueltos en conflictos. No podía ni imaginarme lo ilógica que podía llegar a resultar, y ella no se imaginaba que yo pudiera llegar a ser tan duro y exigente. No es que yo quisiera ser duro, es que sabía que mi idea era la mejor. Por supuesto, ella pensaba lo mismo de sus ideas. Nadie nos había dicho que el conflicto formaba parte del matrimonio. No hay matrimonio que no tenga conflictos, por una sencilla razón: porque somos individuos. Como individuos tenemos deseos diferentes, hay cosas que nos gustan y cosas que no nos gustan, cosas que nos irritan y cosas que nos complacen. Por ejemplo, descubrí que a Karolyn le gustaba mucho la tele, mientras que para mí era una pérdida de tiempo. ¿No es mejor leer un libro y aprender algo? ¿Quién aprende algo viendo la tele? Esa era mi perspectiva. Ella argumentaba que ver la tele era su forma de relajarse, y al contrario de lo que yo pensaba, se podían aprender muchas cosas en la televisión. Así que, esto se transformó en un "tema espinoso" en nuestra relación, que de tanto en tanto explotaba en forma de gran discusión. A lo largo de los años, descubrimos muchos otros "asuntos espinosos". Y nuestro matrimonio se convirtió en una serie de continuas explosiones verbales.

> Sabía que mi idea era la mejor. Por supuesto, ella pensaba lo mismo de sus ideas.

En aquellos días, pensaba muy a menudo: *Me he casado con la persona equivocada. Si me hubiera casado con la persona adecuada, esto no sería así.* Estoy seguro de que Karolyn pensaba lo mismo. Hablando con otras parejas que llevaban más tiempo casados, descubrimos que todos los matrimonios tienen conflictos. Algunas parejas aprenden a resolverlos de manera amistosa, mientras que otras tienen discusiones acaloradas. Nosotros entrábamos dentro de esta segunda categoría.

Durante los últimos treinta y pico de años, me he sentado en mi oficina de consejero matrimonial a escuchar parejas que se quejan de tener el mismo tipo de discusiones que solíamos tener Karolyn y yo. Felizmente, he podido ayudar a muchos a descubrir una manera mejor de resolver conflictos. En este capítulo, compartiré con ustedes alguna de estas ideas.

Primero, tenemos que empezar por aceptar la realidad de que tendremos conflictos. Los conflictos no son la prueba de que nos hemos casado con la persona equivocada. Simplemente, confirman el hecho de que somos humanos. Todos solemos asumir que nuestras ideas son las mejores. No somos capaces de reconocer que nuestra pareja piensa lo mismo de sus propias ideas. Su lógica y la nuestra no concuerdan, sus emociones no reflejan las nuestras. Nuestras ideas y percepciones de la vida están influidas por nuestra historia, nuestros valores y nuestra personalidad. Y estos factores son diferentes en cada uno de nosotros.

Algunos conflictos serán importantes, otros no lo serán tanto. El problema sobre cómo llenar el lavaplatos entra dentro de los poco importantes. El de tener un hijo o no tenerlo, desde luego, es un conflicto de gran categoría. Ya sean grandes o pequeños, cualquier conflicto puede acabar por arruinar una tarde, una semana, un mes o toda una vida. Por otra parte, los conflictos también pueden enseñarnos cosas sobre el amor, el apoyo y el ánimo mutuo. Este es sin duda el mejor camino para tomar. La diferencia está en cómo procesar los desacuerdos.

Una vez aceptado que los conflictos forman parte de la vida, es necesario trazar un plan sano para procesarlos. Ese plan empieza reconociendo la necesidad de escuchar. Cuando hay conflictos, la mayoría de nosotros sentimos la necesidad de hablar, pero hablar sin escuchar conduce a la confrontación. Lo que realmente se necesita es escuchar. Recuerdo que una esposa me dijo una vez:

—Lo más útil de nuestra primera sesión de consejería fue la idea de pedir un "tiempo para escuchar". Antes de eso, siempre le decía a mi esposo: "Tenemos que hablar". Esta frase siempre lo ponía de mal humor. Ahora digo: "Cuando te venga bien, me gustaría tener un rato para poder escuchar lo que tengas que decirme". Nunca tarda mucho en responderme: "Así que quieres escuchar mis ideas, ¿verdad?". "Sí", le contesto y establecemos un tiempo para escuchar. Pedir un tiempo para escuchar crea un ambiente muy distinto.

—Entonces, ¿cómo comienza su tiempo de escuchar? —pregunté.

—Normalmente él dice: "Así que, ¿quieres escuchar? ¿Cuál es el tema?". Después yo digo: "El tema es cómo vamos a pasar las vacaciones de Navidad" o cualquier otro tema conflictivo que tenga en mente. Hemos acordado discutir solo un tema a la vez. Él me comenta lo que quiere hacer durante las vacaciones, y yo realmente intento entender no solo lo que sugiere, sino también por qué lo sugiere y la importancia que eso tiene para él. A menudo le hago preguntas para aclarar sus palabras, por ejemplo: "¿Estás diciendo que quieres pasar las Navidades con tus padres porque tu padre tiene cáncer y no sabes si va a estar aquí las próximas Navidades?". Una vez que he hecho todas las preguntas y tengo claro lo que está diciendo, respondo: "Eso tiene sentido. Entiendo lo que quieres decir". Entonces él dice: "Ahora que ya sabes lo que pienso, me gustaría saber cuál es tu perspectiva sobre el tema". Así que yo le comento lo que pienso, y él trata de entenderme. A veces, para tener las cosas más claras, me hace preguntas del tipo: "¿Me estás diciendo que quieres que pasemos las Navidades con tus padres porque tu hermana, la de California, va a estar allí y solo viene cada cinco años, y a ti no te gustaría perderte la oportunidad de pasar un tiempo con ella?". Una vez que me ha hecho todas las preguntas y escuchado mis respuestas, me dice: "Eso tiene sentido. Creo que entiendo lo que estás diciendo". Todavía no hemos resuelto nuestras diferencias, pero hemos entendido las ideas del otro y hemos expuesto las nuestras. Ya no somos enemigos. Nos negamos a discutir. Somos amigos que van a buscar una solución al conflicto.

Lo que esta esposa describió fue el proceso que he enseñado a muchas parejas en mi oficina de consejería durante años. Se basa en el concepto de mostrar respeto genuino por la otra persona, ofrecer total libertad para pensar, para tener sus propias opiniones y razonarlas a su manera. Es expresar comprensión y confirmar que las ideas del otro tienen sentido. Esto aleja el ambiente de controversia a la hora de resolver conflictos y crea uno amistoso.

Una vez escuchadas y reafirmadas las ideas de ambos, uno está preparado para buscar una solución al conflicto. La gran palabra para encontrar una solución es *compromiso*. Solemos pensar que la palabra *compromiso* es negativa. A las personas a menudo se les aconseja no comprometer sus valores o creencias. Sin embargo, el compromiso en el matrimonio no solo es positivo, sino también necesario. Compromiso significa encontrar un punto de encuentro. Esto exige que ambos estén dispuestos a ceder en algo para conseguir que haya armonía en el matrimonio. Si, por una parte, ambos insistimos en mantenernos en nuestras posiciones, volveremos a discutir. En el matrimonio, nunca se trata de hacer las cosas "a mi manera". Más bien se trata de descubrir "nuestra" manera de hacer las cosas.

> En el matrimonio nunca se trata de hacer las cosas "a mi manera". Más bien se trata de descubrir "nuestra" manera de hacer las cosas.

"Encontrarse a medio camino"

En el ejemplo anterior, la pareja acordó volar en lugar de conducir, y así pudieron pasar tres días en casa de cada uno de sus padres durante las vacaciones de Navidad. Sin embargo, esto significó que tuvieron que buscar el dinero necesario para los boletos de avión porque no estaba dentro de su presupuesto. Tras barajar algunas ideas, finalmente acordaron cambiar sus planes de pasar las vacaciones de verano en el Caribe por unas vacaciones más baratas dentro del estado en el que vivían. Así pudieron utilizar el dinero que habrían usado para aquel viaje, en sus vacaciones navideñas. Su razonamiento fue el siguiente: "Podemos ir al Caribe en otra ocasión, pero este año parece realmente importante para los dos estar con nuestras familias en Navidad". Ambos estaban dispuestos a sacrificar sus planes para armonizar sus vacaciones navideñas. Siempre hay una solución para los conflictos. Dos individuos que deciden ser amigos encuentran esa solución.

Normalmente, hay tres maneras de resolver los conflictos, cuando se busca la solución. Ya hemos descrito una: hallar un punto de encuentro acordando hacer una parte de lo que cada uno desea, y sacrificando otra parte. En el ejemplo anterior, ambos sacrificaron la idea de pasar todas las vacaciones con los padres de uno de ellos. Y no obstante, ambos recibieron parte de lo que deseaban: contacto con los padres y el resto de la familia en vacaciones. A menudo los conflictos se resuelven de esa manera. Llamo a este enfoque: "Encontrarse a medio camino". Implica hallar un lugar de encuentro entre las ideas originales de ambos, donde puedan llegar a ponerse de acuerdo.

"Elegir uno de los lados"

Una segunda manera de resolver conflictos es lo que denomino: "Elegir uno de los lados". Esto significa que tras escuchar las ideas y los sentimientos del otro, uno decide que en esta ocasión lo mejor es hacer lo que el otro tiene en mente. Esto supone un sacrifico total de la idea original, elegir hacer lo que el compañero desea y hacerlo con una actitud positiva. Se elige hacer eso como acto de amor, porque uno se preocupa por el otro y sabe lo importante que es para él. Un esposo comentó: "Acepté tener un hijo porque ella me explicó que estaba acercándose al final de su etapa fértil. Cuando me di cuenta de lo que sentía, no quise decepcionarla. Siempre habíamos dicho que tendríamos hijos. Solo que yo pensaba que ese no era el momento adecuado. Quería esperar a tener una posición económica mejor. Pero cuando escuché y me di cuenta de lo importante que era para ella, estuve de acuerdo en que, aunque tenía ciertos recelos, debíamos seguir adelante e intentar tener un niño en ese momento. Lo hicimos y nunca he lamentado la decisión". A veces optar por la idea de la otra persona implicará un gran sacrificio. Sin embargo, el amor siempre implica algún tipo de sacrificio.

"Dejarlo para más tarde"

Una tercera forma de resolver un conflicto es lo que denomino: "Dejarlo para más tarde". Este enfoque comunica que "en este momento, no puedo conscientemente estar de acuerdo con tu idea, y no veo la manera de encontrarnos a medio camino. ¿Podemos por el momento, simplemente, estar de acuerdo en que no estamos de acuerdo en esto? Volveremos a discutir el tema dentro de una semana o un mes, y buscaremos una solución. Mientras tanto, nos amaremos, disfrutaremos uno de otro y nos apoyaremos mutuamente. Este no será un factor destructivo en nuestro matrimonio". Esta es una respuesta perfectamente legítima a un conflicto cuando, en

"¿Podemos por el momento, simplemente, estar de acuerdo en que no estamos de acuerdo en esto?"

este momento, no se puede encontrar una solución a largo plazo. En un mes, las cosas pueden ser diferentes o pueden haber surgido nuevas posibilidades que ayuden a encontrar un compromiso con el que ambos estén conformes.

En algunas áreas de la vida, "dejarlo para más tarde" puede ser una solución permanente, en especial cuando no existe una respuesta "correcta" ni una "equivocada", como puede ser apretar el tubo de la pasta de dientes, llenar el lavaplatos o los gustos personales de ocio. Esencialmente, estamos de acuerdo en no estar de acuerdo sobre cuál es la solución más lógica a algo y elegimos una que resulte práctica. Por ejemplo, pueden ponerse de acuerdo para que cuando él llene el lavaplatos lo haga a su manera y cuando lo haga ella lo haga también a su manera. O una noche puede ser ella la que elija la película, y a la noche siguiente sea él quien lo haga.

Se pueden resolver los conflictos de una de las tres maneras. La clave, por supuesto, está en crear un ambiente amistoso escuchando al otro y reafirmando la perspectiva del otro en lugar de acusarlo de pensar de forma ilógica. Cuando aprendemos a reafirmar las ideas del otro y a buscar soluciones, podemos procesar los conflictos normales del matrimonio y aprender a trabajar juntos como equipo. Ojalá alguien me hubiera dicho cómo hacer esto antes de que

Karolyn y yo nos casáramos. Me habría ahorrado horas de discusiones inútiles y sin sentido.

Hablemos de ello

1. ¿Han tenido conflictos en su relación en los últimos meses?

2. ¿Cómo los resolvieron?

3. En este momento de la relación, ¿tienen algún conflicto por resolver?

4. Memoricen esta pregunta y utilícenla la próxima vez que surja un conflicto: "¿Cómo podemos resolver este problema de manera que ambos nos sintamos amados y apreciados?".

5. En este capítulo, comentamos tres formas positivas de resolver conflictos:

   • "Encontrarse a medio camino"

   • "Elegir uno de los lados"

   • "Dejarlo para más tarde"

   ¿Utilizaron alguna de estas estrategias al resolver un conflicto recientemente? ¿Se sintieron ambos amados y apreciados?

6. ¿Pueden pensar en algún ejemplo en el que "dejarlo para más tarde" o "acordar no estar de acuerdo" haya sido la solución a uno de sus conflictos?

7. En su opinión, ¿cuán buenos son para llegar a soluciones satisfactorias para ambos cuando tienen desacuerdos? ¿Qué necesitan cambiar o seguir haciendo para mejorar esto?

Me hubiera gustado saber que...

DISCULPARSE *es señal de* FORTALEZA

Mi padre era fan de John Wayne. Vio una de sus últimas películas, *Valor de Ley*, donde Wayne proclamaba aquello de que "los hombres de verdad nunca se disculpan". Como consideró que John Wayne era un auténtico profeta, siguió su ejemplo. Mi padre era un hombre bueno. No era un maltratador. Ni siquiera se enojaba mucho. Pero de vez en cuando, perdía los nervios y le hablaba bruscamente a mi madre y, a veces, a mi hermana y a mí. No recuerdo haberlo escuchado disculparse ni una sola vez en sus ochenta y seis años. Así que yo simplemente seguí su modelo y me convertí en otro seguidor de John Wayne.

No quiero decir que yo tomara conscientemente la decisión de no disculparme nunca. La cuestión es que la idea de disculparme nunca se me pasó por la mente. Antes de casarme, ni siquiera pensaba que hubiera dicho o hecho algo a mi esposa que mereciese una disculpa. Después de todo, yo la amaba. Intentaba hacerla muy feliz y estaba seguro de que ella a mí también. Sin embargo, después de casarnos, descubrí una parte de mí que nunca pensé que existiera. Averigüé que la mujer con la que me había casado tenía ideas, algunas de las cuales me parecían bastante estúpidas. Y se lo comentaba. Recuerdo decirle con tono irritado: "Karolyn, piensa un poco. Eso sencillamente carece de lógica". Mis palabras encendían la mecha de una respuesta cortante, y acabábamos enzarzándonos en una discusión cada vez más acalorada.

Tras estos episodios, los dos nos quedábamos callados y no nos hablábamos durante horas, y a veces días. Pasado algún tiempo, yo rompía el silencio y comenzaba a hablar con ella como si no hubiera pasado nada. Teníamos unos cuantos días buenos o meses antes de volvernos a hablar de forma tan dura. En ese entonces, no lo reconocía, pero ahora lo veo con claridad. Simplemente estaba haciendo lo que había hecho mi padre: no disculparme nunca. En mi interior, yo le echaba la culpa a ella de nuestros altercados. No es necesario decir que en esos primeros años nuestro matrimonio no fue muy bueno.

> Simplemente estaba haciendo lo que había hecho mi padre: no disculparme nunca.

Poco después de la boda, me matriculé en un seminario y empecé a estudiar Teología. En este contexto, comencé a descubrir que las Escrituras tenían mucho que decir sobre confesión y arrepentimiento. *Confesión* significa admitir que lo que se hizo o no se hizo estuvo mal. *Arrepentimiento* significa que conscientemente se le da la espalda al pecado y se intenta hacer lo correcto. Me atrajo la sinceridad del apóstol Juan que dijo: "Si decimos que no tenemos pecado, nos engañamos a nosotros mismos, y la verdad no está en nosotros. Si confesamos nuestros pecados, Él [Dios] es fiel y justo para perdonar nuestros pecados, y limpiarnos de toda maldad".[1] Me di cuenta de que estaba equivocado. Culpar a Karolyn de mis explosiones de mal humor era signo de lo engañado que estaba. Encontré un gran consuelo confesándole mis pecados a Dios. Para ser totalmente honesto, fue mucho más difícil aprender a confesarle mis equivocaciones a Karolyn.

Sin embargo, en los siguientes meses, aprendí a disculparme y me di cuenta de que Karolyn estaba totalmente dispuesta a perdonarme. Con el tiempo, ella también aprendió a pedir disculpas, y yo a perdonar. Tras pasar toda una vida aconsejando a otras parejas, estoy convencido de que no existen matrimonios sanos sin disculpas y perdón. He sacado esta conclusión de la realidad de que todos somos seres humanos y a veces hacemos y decimos cosas que son degradantes para otras personas. Estos actos y estas palabras carentes de amor crean barreras emocionales entre los involucrados. Estas barreras no desaparecen con el paso del tiempo. Desaparecen solo cuando nos disculpamos, y la parte ofendida decide perdonarnos.

Hace algunos años, me asocié con otra consejera, la doctora Jennifer Thomas, y realizamos una amplia investigación sobre el arte de disculparse. Hicimos dos preguntas a cientos de personas. Primera: "Cuando se disculpa, ¿qué suele decir o hacer?". Segunda: "Cuando alguien le pide disculpas, ¿qué espera que ellos digan o hagan?". Sus respuestas entraron dentro de cinco categorías, que nosotros denominamos: "Los cinco lenguajes de la disculpa". La prueba era clara: lo que para una persona es una disculpa no lo es para otra. Por tanto, las parejas a menudo fracasan a la hora de disculparse. Él dice: "Lo siento". Ella piensa: "Seguro que lo sientes. Pero ¿hay algo más que quieras decirme?". Ella está esperando una disculpa; él cree que ya se ha disculpado.

Lo normal es que aprendamos de nuestros padres el lenguaje de la disculpa. El pequeño Carlos empuja a su hermana Julia por las escaleras. Su madre dice: "Carlos, no empujes a tu hermana. Discúlpate

> Todos somos seres humanos y a veces hacemos y decimos cosas que son degradantes para otras personas.

con ella". Así que el pequeño Carlos le dice a Julia: "Lo siento".
Cuando Carlos tiene treinta y dos años y ofende a su esposa, lo más
probable es que diga: "Lo siento". Está
haciendo lo que su madre le enseñó y no
entiende por qué su esposa no lo perdona, sin más. Sin embargo, su esposa ha
tenido una madre diferente. Su madre le
enseñó a decir: "Estaba equivocada. ¿Me perdonas, por favor?". Eso
es lo que está esperando que diga Carlos. En su mente, ese "lo siento"
no cuenta como disculpa.

> Las parejas a menudo fracasan a la hora de disculparse.

Los lenguajes de la disculpa

Este es un pequeño resumen de los cinco lenguajes de la disculpa que
descubrimos en nuestra investigación.

1. *Expresar arrepentimiento*

"Lo siento" pueden ser las primeras palabras que expresen este
lenguaje de la disculpa. Sin embargo, es necesario expresar la razón
de ese "lo siento". Esas palabras, por sí solas, son demasiado generales. Por ejemplo, puede decir: "Siento haber llegado a casa una hora
tarde. Sé que me has estado esperando para poder ir al cine. Me doy
cuenta de que ya nos hemos perdido los primeros treinta minutos, y
tú probablemente no quieras ir. Siento no haber prestado más atención a la hora. Estaba muy ocupado en la oficina. No puedo culpar a
nadie excepto a mí mismo. Siento haberte defraudado".

Si ha perdido los nervios y ha hablado con rudeza, debería decir:
"Siento haber perdido los nervios y levantado la voz. Sé que he actua-
do de forma ruda y que eso te ha herido profundamente. Un esposo
nunca debería hablarle así a su esposa. Siento haberte avergonzado.
No me puedo ni imaginar lo dolido que me hubiera sentido si tú me
hubieras hablado de esa manera. Debes estar muy dolida conmigo y
siento haberte hecho daño".

Este lenguaje de la disculpa es un lenguaje emocional. Está

buscando expresar a la otra persona el daño emocional que sus palabras o su comportamiento han causado. Si este es el lenguaje de disculpa de la persona a la que ha ofendido, lo que necesitará saber es que usted en verdad entiende lo profundamente herida que se siente por su comportamiento. Cualquier otro tipo de disculpa le sonará vacía.

2. *Aceptar la responsabilidad*

Esta disculpa comienza con las palabras: "Me equivoqué" y después explica en qué estaba equivocado. Por ejemplo: "Me equivoqué al no planificar la tarde para poder estar en casa pronto. Sabía que íbamos a salir esta noche, pero no pensé conscientemente en el tiempo que tardaría en llegar a casa para poder salir con tiempo. Fue culpa mía y me equivoqué. Solo yo tengo la culpa".

La persona que ha hablado con rudeza podría disculparse de la siguiente manera: "Me equivoqué al hablarte de esa manera. No es cariñoso ni amable levantarte la voz y hablarte con rudeza. No debería perder el control. No te estoy echando la culpa a ti. Acepto la responsabilidad de mi comportamiento y sé que me equivoqué".

La persona cuyo lenguaje principal de disculpa es el de aceptar la responsabilidad está esperando que usted admita que se comportó erróneamente. Para esta persona, que usted diga "lo siento" nunca le parecerá una disculpa. Quiere que usted esté dispuesto a aceptar la responsabilidad por lo que ha hecho o dicho y que reconozca su equivocación.

3. *Restituir*

Esta disculpa exige una reparación. Un esposo que se olvidó del aniversario de bodas dijo: "Sé que lo he estropeado todo. No puedo creer que realmente me haya olvidado de esto. ¿Qué tipo de esposo soy? Sé que no puedo dar marcha atrás, pero me gustaría que me dieras la oportunidad de resarcirte por ello. Quiero que pienses alguna manera para que yo repare este daño. Podemos ir donde quieras o hacer lo que quieras. Te mereces lo mejor, y yo quiero dártelo". Si el lenguaje principal de disculpa de la esposa es el de la restitución, sin duda encontrará la manera de solucionar las cosas.

La persona cuyo lenguaje principal de disculpa es el de la restitución, lo que quiere saber es si todavía la aman. El comportamiento que usted tuvo fue tan poco cariñoso que se pregunta cómo puede decir que la quiere y comportarse de la forma que lo ha hecho. Por tanto, lo que le pide que haga puede ir muy unido a su lenguaje del amor. Si su lenguaje principal es el del *contacto físico*, simplemente le pedirá que la abrace y que hagan el amor. Si su lenguaje del amor es el de *recibir regalos*, seguramente pedirá un regalo que realmente exprese el amor que siente hacia ella. Si su lenguaje del amor es el de *actos de servicio*, es posible que le diga: "Lo mejor que puedes hacer por mí es limpiar y ordenar el garaje". Si *tiempo de calidad* es su lenguaje del amor, es probable que le pida un fin de semana fuera para estar los dos solos. La persona cuyo lenguaje del amor es el de las *palabras de afirmación* le pedirá que le confirme verbalmente su amor hacia ella. Puede pedirle por ejemplo que le escriba una carta de amor en la que exprese por qué y cuánto la quiere. Para una persona de ese tipo, las palabras son mejores que los actos.

4. *Expresar genuinamente el deseo de cambiar de comportamiento*
Esta disculpa va acompañada de un plan para evitar que el mal comportamiento se repita. Un hombre que "había perdido los nervios otra vez" dijo: "No me gusta esto en mí. No es bueno. Sé que hice exactamente lo mismo la semana pasada. Esto tiene que acabar. Te mereces algo mejor. ¿Me puedes ayudar a pensar lo que puedo hacer para asegurarme de que esto no vuelva a suceder?". Su deseo de cambiar le comunicó a su esposa que su disculpa era sincera.

Para esta pareja, la solución a la que llegaron fue que cuando él notara que se estaba "calentando", le diría a su esposa: "Cariño, voy a dar una vuelta. Volveré dentro de un momento". Daba esa vuelta y se calmaba. Cuando volvía a la media hora, le decía: "Te quiero mucho y aprecio este momento de descanso. No quiero volver a perder los nervios contigo. Te agradezco que me ayudes a superar esto". A los ojos de algunas personas, si su disculpa no va acompañada del deseo de cambiar de comportamiento, no se considera una auténtica disculpa. Diga lo que diga, no les resultará sincero. Piensan que si de verdad quiere disculparse, tendría que cambiar de forma de actuar.

5. *Pedir perdón*

"¿Me perdonas, por favor?" Estas palabras suenan a música celestial para la persona cuyo lenguaje principal de disculpa es el de solicitar el perdón. Para ellos, si usted es sincero, pedirá ser perdonado. En esto consiste la disculpa. Usted los ha herido, y ellos quieren saber si usted quiere realmente ser perdonado, si desea eliminar la barrera que su comportamiento ha creado. La solicitud de perdón es lo que les llega más directamente al corazón y les suena más sincero.

Lo que la doctora Thomas y yo descubrimos es que cuando las parejas aprenden a disculparse de una manera que resulta realmente auténtica para la otra persona, es mucho más fácil ser perdonados. Lo que la mayoría desea saber cuando alguien está intentando disculparse es si se es sincero. Sin embargo, juzgarán que nuestra disculpa es sincera si la expresamos según lo que ellos consideran que es una genuina disculpa. Esto significa que es necesario aprender a expresar esta disculpa en el lenguaje principal de disculpa de la otra persona. Cuando se hace así, el otro siente que la disculpa es realmente sincera.

Carlos aprende a decir "lo siento"

Aprender a disculparse de forma eficaz puede que no resulte fácil. Algunos se pueden sentir identificados con la siguiente historia extraída de nuestro libro *Los cinco lenguajes de la disculpa*.

Carlos, que estaba pensando en casarse, vino a uno de nuestros seminarios con su novia, Melinda. Después de rellenar los cuestionarios sobre la disculpa, Melinda le dijo que lo que ella más deseaba escuchar en una disculpa era: "Lo siento".

Más tarde, Carlos se me acercó durante el seminario.

—Honestamente, no sé si he dicho alguna vez esas palabras. Me suenan un poco "afeminadas". Siempre me han enseñado que los hombres de verdad no se disculpan. Supongo que es cosa de machos. No sé si soy capaz de pronunciar esas palabras, y a Melinda eso parece preocuparle. A lo mejor no deberíamos haber rellenado ese cuestionario sobre la disculpa —bromeó.

—Por otra parte, puede que sea realmente bueno que lo hayan hecho —dije con una sonrisita—. Déjeme hacerle una pregunta. ¿Ha hecho alguna vez algo en su vida que haya lamentado realmente? Tras hacerlo, ¿se dijo a sí mismo: *Ojalá no lo hubiera hecho*?

Él afirmó con la cabeza y dijo:

—Sí. Me emborraché la noche antes del funeral de mi madre. Así que a la mañana siguiente tenía una resaca terrible. No recuerdo gran cosa del funeral.

—¿Cómo se sintió por ello? —pregunté.

—Muy mal —dijo Carlos—. Me pareció haber deshonrado a mi madre. Su muerte me afectó muchísimo. Siempre habíamos estado muy unidos, y podía hablar con ella. Supongo que estaba tratando de ahogar mis penas, pero tenía muchas penas que ahogar. Sé que ella se habría entristecido. Siempre me hablaba sobre beber demasiado. Deseé que las personas que están en el cielo no pudiesen ver lo que sucedía aquí en la tierra, porque no quería hacerle daño.

> Deseé que las personas que están en el cielo no pudiesen ver lo que sucedía aquí en la tierra, porque no quería hacerle daño.

—Suponga por un momento que los que están en el cielo sí puedan ver lo que pasa aquí en la tierra, que su madre está realmente decepcionada por su comportamiento. Y supongamos que tiene la oportunidad de hablar con ella. ¿Qué le diría?

Los ojos de Carlos se llenaron de lágrimas, y dijo:

—Le diría que siento muchísimo haberla defraudado. Sé que no era el momento de beber. Ojalá pudiera retroceder y volver a revivir esa noche. No habría ido al bar. Le diría que la quiero de verdad y que espero que ella me perdone.

Rodeé los hombros de Carlos y le dije:

—¿Sabe lo que acaba de hacer?

Él asintió con la cabeza y dijo:

—Sí. Acabo de pedirle disculpas a mi madre. Me siento bien. ¿Cree que me habrá escuchado? —preguntó.

—Creo que sí —le dije—. Y creo que lo ha perdonado.

—¡Vaya! —dijo— No quería llorar.

Las lágrimas corrían por sus mejillas.

—Esa es otra cosa que le enseñaron que los hombres de verdad no hacen, ¿no?

—Sí.

—Le han dado mucha información errónea durante años, Carlos —dije—. Lo cierto es que los hombres de verdad sí lloran. Los que no lloran son los de plástico. Los hombres de verdad sí se disculpan. Incluso dicen "lo siento" cuando se dan cuenta de que han hecho daño a alguien a quien aman. Usted es un hombre de verdad, Carlos. Lo ha demostrado hoy. No lo olvide nunca. Si usted y Melinda se casan, no será el esposo perfecto, ni ella será la esposa perfecta. No es necesario ser perfectos para tener un buen matrimonio. Pero sí será necesario disculparse cuando se hagan cosas que puedan herir al otro. Y si decir "lo siento" es el lenguaje principal de disculpa de Melinda, tendrá que aprender a hablarlo.

—Entendido —dijo con una sonrisa—. Me alegro de que hayamos venido a este seminario.

—Yo también —dije mientras se alejaba.

Un año más tarde, estaba dando un seminario en Columbia, Carolina del Sur. Por la mañana temprano, antes de que llegara alguien, me encontré con Carlos y Melinda.

—Hemos venido temprano con la esperanza de poder hablar con

usted —dijo—. Solo queríamos decirle lo mucho que su seminario del año pasado en Summerfield significó para nosotros. Fue un punto de inflexión en nuestra relación. Nos casamos tres meses después del seminario, y seguimos teniendo en mente las cosas que aprendimos aquel día.

—No estoy segura de que siguiéramos casados si no hubiéramos acudido a ese seminario —dijo Melinda—. No tenía ni idea de que el primer año de matrimonio fuera tan difícil.

—Dígame —pregunté—. ¿Carlos sabe disculparse?

—Oh, sí. Ambos nos disculpamos muy bien —dijo ella—. Esa es una de las cosas importantes que aprendimos aquel día; esa y la de los cinco lenguajes del amor. Las dos cosas nos han enseñado a sobrevivir.

—No me resultó fácil —dijo Carlos—. Pero disculparme con mi madre supuso un gran avance para mí. Me di cuenta de lo importante que era ser honesto con mi comportamiento.

—¿Cuál es su lenguaje del amor? —le pregunté a Melinda.

—Actos de servicio —dijo—, y Carlos es muy bueno en esto. Incluso lava y dobla las toallas.

Carlos movió la cabeza y dijo:

—Nunca pensé que haría eso. Pero tengo que admitir que lavar la ropa es mucho más fácil que decir "lo siento". Y he aprendido a hacer ambas cosas. Quiero que tengamos un buen matrimonio. Mis padres nunca tuvieron un buen matrimonio, y los de Melinda tampoco. Los dos queremos envejecer juntos. Por eso hemos vuelto aquí a tomar más clases. Deseamos aprender cosas nuevas.

—Usted es un hombre de verdad —le dije mientras le palmeaba la espalda.[2]

> Los dos queremos envejecer juntos. Por eso hemos vuelto aquí a tomar nuevas clases. Deseamos aprender cosas nuevas.

Mirando hacia atrás en mi matrimonio, desearía haber sabido no solo la importancia de disculparse, sino también cómo disculparme eficazmente. Me habría ahorrado muchos días de sufrimiento en silencio, esperando en vano que Karolyn se olvidase de mis duras palabras.

Hablemos de ello

1. ¿Se acuerda de la última vez que pidió disculpas? Si es así, ¿qué dijo?

2. ¿Recuerda la última vez que alguien le pidió disculpas? ¿Le pareció sincero? ¿Perdonó a esa persona? ¿Por qué o por qué no?

3. Comenten lo que esperan al escuchar una disculpa sincera.

4. En la actualidad, ¿hay algo por lo que necesite disculparse? ¿Por qué no lo hace hoy mismo?

6

Me hubiera gustado saber que...

El PERDÓN no es
un SENTIMIENTO

La única respuesta sana a una disculpa es el perdón. Pero ¿qué significa perdonar? Antes de casarme, pensaba que perdonar era dejar pasar el dolor y así restablecer los sentimientos de amor. Me parecía bastante fácil. Recuerdo que una vez Karolyn llamó para cancelar una cita conmigo diciendo que tenía que ir de compras con una amiga. Me enojé mucho. ¿Cómo se le ocurría pensar que ir de compras con una amiga era más importante que pasar la tarde juntos?

Viví con ese dolor durante dos días hasta que tuvimos nuestra siguiente cita. No había pasado mucho tiempo cuando ella me preguntó: "¿Te pasa algo?". Yo abrí las compuertas de mis emociones y dejé que estas se desbordasen. Le dije lo decepcionado que estaba de que ella hubiera preferido ir de compras con una amiga en lugar de pasar tiempo juntos.

Cuando terminé de exponer mis sentimientos, ella me dijo de la forma más amable posible: "Lo siento. Debería haberme explicado mejor. No es que no quisiera estar contigo. Es que ese era el único fin de semana que mi amiga tenía libre, y necesitaba que la ayudara a buscar un regalo de cumpleaños para su madre. Yo sabía que nosotros podíamos pasar juntos cualquier otra tarde. No quise hacerte daño. Prefiero pasar contigo cualquier tarde que ir de compras. Espero que me perdones". Como una toalla absorbe el agua, así sus palabras y su disculpa hicieron que todo el dolor se evaporara. Y cálidos sentimientos de afecto me inundaron. Se había acabado. Nuestra relación se había restablecido, y no volví a pensar más en ello, eso es lo que yo creía que significaba perdonar.

Sin embargo, tras casarnos, el perdón parecía mucho más difícil. Una tarde, más o menos a los seis meses de casados, Karolyn y yo estábamos inmersos en toda una discusión. En medio de la pelea, ella se fue al armario, sacó su gabardina, y se fue dando un portazo a caminar bajo la lluvia. Mi primer pensamiento fue: *¿Por qué no se queda y lucha como un hombre?*, pero después pensé: *¿Y si no vuelve?* Me eché a llorar mientras me preguntaba: *¿Cómo hemos podido llegar a esto tan pronto en nuestro matrimonio?* Me puse a hacer *zapping* en la tele intentando olvidar, pero no lo conseguía.

Tras lo que pareció una eternidad, escuché que la puerta se abría, y ella apareció ante mí llorando: "Siento haberme ido así, pero ya no lo podía soportar más. Odio discutir. Cuando me gritaste, tuve que irme para no empeorarlo". Me disculpé por haberle levantado la voz, pero dentro de mí la culpaba a ella por toda la discusión. Nos metimos en la cama dándonos la espalda.

Al día siguiente tras reflexionar, me disculpé más profundamente con ella, y ella me perdonó. Ambos dijimos: "Te perdono". Pero el daño no se había evaporado, el cálido sentimiento del amor no había regresado. Durante las siguientes semanas, reviví el episodio. No se me iba de la cabeza la imagen de ella caminando bajo la lluvia ni el sonido del portazo. Cada vez que revivía la escena, el dolor regresaba.

Aunque me había graduado recientemente de la universidad, nunca había hecho un curso sobre el tema del perdón. Ni siquiera recuerdo haber visto un libro sobre ese tema. Simplemente sabía que nuestras declaraciones de perdón no habían restituido nuestros sentimientos de amor. Ahora, tras más de treinta años siendo consejero matrimonial, he aprendido mucho sobre el perdón. En este capítulo, quiero compartir con usted estas ideas. Empecemos desde el principio.

Qué es perdón y qué no es

El perdón presupone que se ha cometido un error. La irritación no exige perdón; más bien exige negociación. Sin embargo, cuando uno de ustedes habla o se comporta de forma poco amable con el otro, se exige una disculpa y un perdón para que la relación quede reparada. Hay ofensas pequeñas y grandes, pero el proceso es siempre el mismo. Cuando uno ofende a otro, se erige una barrera emocional entre ambos. El paso del tiempo no hace que esa barrera se elimine. Las barreras quedan eliminadas con disculpas sinceras y el perdón genuino. En el último capítulo, hablamos de cómo disculparnos sinceramente. En este capítulo, hablaremos de lo que significa perdonar.

En las Escrituras judías y cristianas, hay cuatro palabras hebreas y cuatro griegas que se traducen como *perdonar*. Son sinónimos con varios matices en el significado. La idea más importante es la de "perdonar" o "eliminar". Sobre el perdón de Dios, las Escrituras dicen: "Cuanto está lejos el oriente del occidente, hizo alejar de nosotros nuestras rebeliones".[1] El perdón elimina la barrera y levanta el castigo. Dios ya no exige que paguemos por nuestra mala forma de obrar. Cuando nos disculpamos sinceramente y pedimos perdón, Él nos perdona y nunca más tiene en contra nuestra ese fallo.

> En las Escrituras judías y cristianas, hay cuatro palabras hebreas y cuatro griegas que se traducen como *perdonar.*

Se nos ha ordenado perdonar de la misma manera que Dios nos perdona. Por tanto, el perdón no es un sentimiento, sino una decisión. Es la decisión de ofrecer gracia en lugar de exigir justicia. El perdón elimina la barrera y abre la posibilidad a que la relación madure.

> El perdón no borra la memoria.

Quizá podría explicar mejor el perdón diciendo cuatro cosas que no hace el perdón.

Primero, *el perdón no borra la memoria.* Algunas veces oigo decir: "Si no se olvida, es que no se ha perdonado". Esa frase no es cierta. El cerebro humano recopila todas las experiencias, buenas o malas; agradables o desagradables. Los psicólogos explican que la mente humana tiene dos compartimentos. Uno es la parte consciente, y el otro, el subconsciente. La parte consciente está compuesta de todas las cosas de las que uno es consciente en un momento dado. Por ejemplo, ahora estoy plenamente consciente de estar sentado en una silla. Si quisiera, podría describirle todo lo que veo o escucho a mi alrededor. El subconsciente alberga las experiencias pasadas que están almacenadas en nuestros archivos mentales.

Algunos datos fluyen libremente del subconsciente a la parte consciente. En un momento dado, puede que queramos traer ciertos datos desde el subconsciente a la parte consciente. Por ejemplo, si me pregunta qué desayuné, yo podría ir a mi subconsciente y responder: "Cereales con arándanos". Antes de que usted hiciese la pregunta, yo no estaba pensando conscientemente en el desayuno. Pero cuando quise, fui capaz de recordar esa información.

Otras experiencias están enterradas en lo más hondo de nuestro subconsciente y nos puede resultar difícil acceder a ellas, incluso aunque nos esforcemos por intentarlo. Por otra parte, a veces los recuerdos saltan de la parte consciente al subconsciente sin intentarlo siquiera. Eso suele ocurrir con los recuerdos dolorosos. Incluso aunque se haya decidido perdonar el comportamiento de otra persona y eliminar la barrera, el recuerdo del suceso puede acudir a nuestra mente consciente, y con él aparece también el sentimiento de daño y quizá de rabia. El recuerdo no significa que usted no haya perdonado. Simplemente significa que usted es humano, y que recuerda una experiencia dolorosa.

¿Qué tal maneja esos recuerdos dolorosos? Sugiero que los lleve ante Dios y diga: "Padre, tú sabes lo que estoy recordando y sabes los sentimientos que me produce. Pero te agradezco haber perdonado todo esto. Ahora ayúdame a hacer algo que mejore nuestra relación". Con esta oración, usted está reafirmando su decisión de perdonar y está buscando madurar en el futuro.

Segundo, *el perdón no elimina todas las consecuencias de nuestros actos equivocados*. Por ejemplo, una madre ha estado ahorrando dinero para una intervención quirúrgica. Su hijo le roba el dinero y lo gasta en drogas. Si él se arrepiente sinceramente, ella puede perdonarlo, pero el dinero sigue sin estar ahí. Un padre abandona a su esposa y a sus hijos. Veinte años más tarde, regresa y se disculpa. Ellos pueden perdonarlo, pero no pueden recuperar los veinte años perdidos. Un marido enojado maltrata físicamente a su esposa y le rompe la mandíbula. Puede que se disculpe sinceramente y que ella lo perdone, pero la mandíbula sigue rota.

Todo nuestro comportamiento tiene consecuencias. El comportamiento positivo tiene consecuencias positivas. El comportamiento negativo tiene consecuencias negativas. El perdón no elimina todas las consecuencias del comportamiento erróneo.

Tercero, *el perdón no restablece la confianza*. Un esposo que había engañado a su esposa con otra mujer, más tarde, terminó con esta relación y pidió perdón a su esposa. Ella me dijo en la oficina de consejería: "Creo que lo he perdonado, pero no confío en él. Eso me hace pensar si realmente lo habré perdonado". Lo cierto es que conceder el perdón no hace que se restablezca inmediatamente la confianza. La confianza es sentir muy dentro de nosotros que la otra persona es alguien íntegro. La confianza en una relación queda destruida cuando la otra persona es infiel. Si uno no mantiene su compromiso con el otro, el otro pierde la confianza. Ya no confía en que la otra persona lo trate correcta y honestamente. Entonces ¿cómo se restablece la confianza? Cambiando el comportamiento y siendo de fiar. Durante un período de tiempo, si uno ve que el otro está haciendo lo que dice que está haciendo, y está totalmente abierto y comprometido en la relación, volverá a confiar.

> El perdón no elimina todas las consecuencias de nuestros actos equivocados.

Cuando aconsejo a una pareja en la cual uno de ellos ha sido infiel y ahora están intentando reconstruir su matrimonio, les recomiendo que tras una sincera disculpa y perdón, la parte ofensora dé permiso a su pareja para que examine cada área de su vida. Eso significa que la chequera, la computadora, el teléfono y todas las demás fuentes de información estén disponibles para ser examinadas. Con este acto, uno está comunicando: "No tengo nada que ocultar; de verdad he cambiado, y quiero que vuelvas a confiar en mí". Con esta actitud abierta y un patrón de honestidad continuado, la confianza se puede restablecer. Por tanto, el perdón no restablece automáticamente la confianza, pero abre la puerta a la posibilidad de conseguirla de nuevo.

Cuarto, *el perdón no siempre acaba en reconciliación*. La palabra *reconciliación* significa "volver a la armonía". La reconciliación exige trabajar juntos para superar nuestras diferencias, encontrar nuevas maneras de hacer las cosas, resolver los asuntos del pasado, y aprender a funcionar como equipo. ¿Cuánto tiempo se tarda en llegar a la reconciliación? Eso depende principalmente de cuánto tiempo se haya estado "desarmonizados". Para unos, pueden ser horas; para otros, meses. Algunos pueden necesitar ayuda de un consejero profesional porque ellos solos no saben cómo reconstruir su relación.

Lo que quiero decir es que el perdón no trae automáticamente la armonía a la relación. Sin embargo, abre la puerta a la posibilidad de la reconciliación.

Empecé este capítulo diciendo que el perdón es la única respuesta sana a una disculpa. Si decidimos no perdonar, permanece la barrera, y la relación se mantendrá alejada. El tiempo por sí solo no cura una relación. La cura exige que se tome la decisión de perdonar. Y el perdón abre la puerta a la posibilidad de madurar.

Quiero terminar este capítulo haciendo otra pregunta: "¿Qué pasa si la persona que nos ha ofendido no se disculpa?". El enfoque más positivo que se puede tomar en este caso es hablar cara a cara con la otra persona sobre la ofensa y esperar que se disculpe y que podamos perdonarlo. Si el primer intento fracasa, sugiero intentarlo por segunda y tercera vez. Una disculpa es como decir: "Valoro esta relación y quiero solucionar el problema". Negarse a disculparse es como decir: "No valoro esta relación, no me importa seguir distanciados".

No podemos forzar la disculpa, pero sí podemos entregar la rama de olivo y expresar nuestro deseo de perdonar. Si, al final, la otra persona sigue sin querer restablecer la relación, entonces debemos llevararla ante Dios y liberar nuestro dolor e ira ante Él. No permita que la falta de voluntad del otro para resolver el problema destruya su vida. Se necesitan dos personas para construir una relación positiva y sana.

> ¿Qué pasa si la persona que nos ha ofendido no se disculpa?

Si hubiera sabido lo que le he contado en ese capítulo antes de casarme, hubiera sabido perdonar mucho mejor. Habría entendido y procesado mis emociones de una forma más sana. Habría comprendido que el perdón no elimina todo el daño ni restablece automáticamente los sentimientos amorosos. Pero el perdón es el primer paso para procesar el dolor y restablecer el amor. No hay matrimonios sanos si no se pide y se concede el perdón de forma genuina. Si aprende a pedir perdón y a concederlo, tendrá en su mano los dos elementos principales para construir un matrimonio exitoso.

Hablemos de ello

1. ¿Hay alguien al que necesite enfrentarse cara a cara con cariño? ¿Qué le impide hacerlo?

2. ¿Hay alguien a quien todavía no haya perdonado? ¿Qué le impide hacerlo?

3. ¿Qué barreras hay entre usted y la persona que ama? ¿Qué hará para eliminarlas?

4. Cuando alguien le pide disculpas, ¿le resulta fácil perdonar? ¿Por qué?

7

Me hubiera gustado saber que...

Los BAÑOS no se LIMPIAN SOLOS

Cuando vivía en casa de mis padres, el baño nunca estaba sucio. Y nunca se me ocurrió que alguien lo limpiara. Hasta hoy, no sé si lo hacía mi padre o mi madre. Nunca he visto a ninguno limpiarlo. Dos semanas después que Karolyn y yo nos casáramos, me inscribí en la escuela de posgrado, por eso vivimos en una residencia de estudiantes. Era un apartamento pequeño, pero limpio y bonito. Unas tres semanas después, me di cuenta de que el baño tenía manchas oscuras. (Para ese entonces, yo ya sabía que había que limpiar los baños. Después de todo estaba en la escuela de posgrado). Se lo mencioné a Karolyn, y ella me dijo:

—Lo sé. Me estaba preguntando cuándo ibas a limpiarlo.

—¿Limpiarlo? —dije—. Pensé que ibas a limpiarlo tú. Yo no sé cómo se limpia un baño.

—Bueno, entonces déjame que te enseñe —dijo ella.

—¿No hay nada para limpiarlo automáticamente cuando se tira de la cadena? —pregunté.

—Esas cosas no funcionan —contestó—. Es una pérdida de dinero.

Antes de casarme, nunca pensé que algún día tendría que limpiar el baño. Pero me convertí en un limpiador tan bueno que al segundo semestre conseguí un trabajo a tiempo parcial en una compañía de limpiezas. Y fui de un negocio a otro limpiando baños. Tras un entrenamiento profesional, podía limpiar el pequeño baño de nuestro pequeño apartamento con los ojos cerrados.

Déjeme hacerle una pregunta personal: cuando se casó, ¿quién creía que iba a limpiar el baño de su apartamento o casa? En la consejería prematrimonial, he descubierto que la mayoría de los hombres cree que lo limpiará la esposa; mientras que la mayoría de las mujeres cree que lo hará su esposo. Sin consejería prematrimonial, la mayoría de las parejas ni siquiera piensa quién va a limpiar el baño, y tres semanas después de la boda, ambos descubren que los baños no se limpian solos.

> La confusión de roles es uno de los aspectos más estresantes para los matrimonios en la actualidad.

¿Quién hace qué?

Planteo la cuestión no porque me preocupe demasiado quién va a limpiar el baño, sino porque me preocupa mucho que se vaya al matrimonio sin haber discutido nunca *quién* va a hacer *qué* después de casados. Es lo que los sociólogos denominan "roles maritales". La confusión de roles es uno de los aspectos más estresantes para los matrimonios en la actualidad. En generaciones anteriores, donde el esposo era el proveedor y la esposa la que hacía las tareas del hogar, no había mucha confusión sobre el papel de cada uno. Sin embargo, en el mundo actual, donde la mayoría de las esposas tienen sus propias carreras, ellas esperan que sus esposos se involucren de forma importante en las tareas del hogar. Si no hablan del tema ni llegan a un acuerdo sobre quién hará qué, acabarán teniendo conflictos en los primeros meses de casados.

Hay varios factores que entran en juego cuando se discuten los roles maritales. Primero, ambos han crecido con modelos diferentes. Una esposa joven dijo: "Mi padre siempre pasaba la aspiradora los sábados por la mañana antes de limpiar el coche. Ahora mi esposo espera que yo pase la aspiradora y que lleve el coche al tren de lavado. No puedo creer que me haya casado con un hombre tan vago". Su esposo decía: "Mi madre pasaba la aspiradora. Nunca se me pasó por la cabeza que mi esposa esperara que yo hiciera eso. Y en cuanto al auto, es cuestión de eficacia. ¿Para qué voy a pasarme dos horas limpiando el coche cada sábado si puedo llevarlo a un tren de lavado y tenerlo limpio en tres minutos por tres dólares? En mi familia, nunca hemos limpiado un coche. Cada tres meses pagábamos doce dólares y lo llevábamos a limpiar. No sé por qué eso es tan problemático para ella".

Era un problema para ella porque, según su mentalidad, él no estaba siendo un esposo responsable. Las expectativas de ella no tenían ningún sentido para él porque en la familia en la que creció, tenían un modelo diferente. Uno de los ejercicios que propongo en la consejería prematrimonial es que la mujer haga una lista de todas las cosas que su padre hacía en casa y todas las responsabilidades que tenía su madre. Le pido al hombre que haga lo mismo. Una vez hechas las listas, las examinamos para comprobar si sus modelos parentales son similares o diferentes. Después animo a la pareja a discutir en profundidad si esperan que su matrimonio tenga un patrón similar o diferente al de sus padres. Ignorar o negar la influencia de los modelos parentales en nuestras propias expectativas es signo de inmadurez. La pareja madura hablará abierta y honestamente de sus expectativas, y cuando tengan una opinión distinta, llegarán a un acuerdo sobre los roles maritales antes de casarse.

¿De dónde vienen estas ideas?

Una segunda influencia en la percepción que se tiene de los roles maritales es nuestra propia filosofía sobre lo que es masculino y femenino. Nuestra filosofía sobre el tema responde a la pregunta: "En una relación matrimonial, ¿qué hace un hombre y qué hace una mujer?". La respuesta se ve muy influenciada por la experiencia educativa que uno haya tenido. Por ejemplo, si ella asistió a una universidad donde había profesores con fuertes ideas feministas, es muy probable que tenga opiniones muy firmes sobre lo que una mujer debe y no debe hacer en el matrimonio. Por otra parte, si asistió a una universidad religiosa conservadora, es muy probable que tenga ideas muy diferentes sobre el rol de la mujer dentro del matrimonio. La educación y las ideas religiosas de él también influirán de forma importante en su manera de ver los roles del hombre y la mujer en el matrimonio. Ignorar estas filosofías firmemente arraigadas o pensar que el amor anulará su influencia es una necedad. Si no se pueden negociar esas diferencias antes del matrimonio, supondrán un gran obstáculo para conseguir un matrimonio unido.

Si a él le avergüenza que sus amigos sepan que lava los platos, y ella cree que lavar los platos es signo de masculinidad, lavar los platos se convertirá en un punto de fricción dentro de su matrimonio. Si ella cree firmemente que una esposa no debe encargarse siempre de cocinar, y él por su parte no es un experto en la cocina, tendrán que llegar a un acuerdo sobre el tema antes de casarse. O ella cambia de opinión, o él tendrá que tomar clases de cocina. La filosofía de la masculinidad y la feminidad influye mucho en sus expectativas de los roles maritales.

¿En qué área es bueno cada uno?

Esto me lleva al tercer factor que influye en la opinión que se tiene sobre lo que cada uno debe y no debe hacer: el hecho de que ambos tienen habilidades diferentes. Cuando se trata de preparar la comida, a uno puede irle mejor yendo de compras y consiguiendo las mejores ofertas, mientras que el otro se limita a ir a comprar lo que se necesita para preparar la comida. Uno puede ser habilidoso a la hora de cocinar en el horno, y el otro cocinando a la parrilla. Uno será bueno para limpiar el polvo, y el otro nunca notará que hay polvo que limpiar. Uno tiene habilidades para la jardinería y el paisajismo, y el otro no tiene ni idea. Uno es un mago de la computadora, y el otro solo sabe mandar un correo electrónico.

> Es importante reconocer nuestras distintas habilidades e intentar utilizarlas en beneficio de la relación.

No hace falta que seamos buenos en las mismas cosas, pero sí es importante reconocer nuestras distintas habilidades e intentar utilizarlas en beneficio de la relación. En un equipo de fútbol, los once jugadores tienen el mismo objetivo, pero no todos tienen el mismo papel. El entrenador procura colocar a cada jugador en la posición que cree que está más facultado para ocupar. Ese principio debería aplicarse también a la hora de determinar los roles maritales.

Lo que gusta y lo que no gusta

El cuarto factor a la hora de llegar a un acuerdo sobre qué tiene que hacer cada uno es sencillamente saber lo que les gusta o no les gusta. A ella le puede resultar relajante llevar la economía de la pareja, mientras que para él le puede significar una obligación. A lo mejor los dos son buenos haciendo cuentas, pero a uno le gusta hacerlo, y al otro no. Puede que para él pasar la aspiradora sea una especie de reto, mientras que para ella es un trabajo duro y pesado. Puede que ella disfrute pagando las facturas todos los meses, y a él le resulte estresante. Conocer los gustos y las preferencias de ambos es un paso importante a la hora de repartir los roles maritales. Lo ideal es que los dos realicen las tareas que les gusta hacer. Pero si a ninguno de los dos les gusta desempeñar una tarea en concreto, es obvio que alguno debe responsabilizarse de realizarla, aunque no resulte especialmente placentera. No obstante, tener en cuenta los respectivos gustos debería formar parte del proceso a la hora de decidir quién hace cada cosa.

Un ejercicio práctico

Ahora vamos a hacer un ejercicio práctico que le ayudará no solo a saber quién va a limpiar el baño, sino también quién va a hacer todo lo demás. Si de verdad se está planteando casarse, haga una lista de las cosas que le vengan a la mente que se tienen que hacer para mantener la casa. Asegúrese de incluir en la lista quién se encargará de los autos, quién comprará y preparará la comida, quién hará la limpieza y quién pasará la aspiradora. Pídale a su prometido/a que haga una lista similar. Después comparen las listas y hagan una nueva lista maestra que incluya todos los puntos de ambas listas.

Hagan dos copias de la lista maestra y, por separado y de forma individual, pongan su inicial en cada uno de los puntos que ustedes crean que van a ser responsabilidad suya. Si creen que alguno de estos será una responsabilidad compartida, pongan las iniciales de ambos, pero subraye quién cree que debe tener la responsabilidad principal sobre ese tema. Terminada esta tarea, reserven una tarde para comentar las respuestas y ver si están de acuerdo o no en quién va a tener la responsabilidad principal de cada una de las tareas.

> Si no pueden ponerse de acuerdo antes de casarse, ¿qué les hace pensar que podrán hacerlo después?

Donde no haya acuerdo, será necesario negociar. Discutan las razones que han tenido para elegir la opción que han marcado. Sean lo más abiertos y honestos posible sobre las razones que los han llevado a esa conclusión. Después de escucharse intentando comprenderse, traten de llegar a un acuerdo sobre quién aceptará la responsabilidad. (Si no pueden ponerse de acuerdo antes de casarse, ¿qué les hace pensar que podrán hacerlo después?)

Esta asignación de responsabilidades no significa que ustedes ya estén atados a ellas de por vida. A los seis meses de matrimonio, pueden renegociar algunos de esos puntos. Pero gracias a esto, pueden llegar al matrimonio entendiendo mejor las expectativas que tienen sobre sí mismos. Realizar este ejercicio y llegar a un acuerdo sobre quién hará qué les ahorrará muchos conflictos y hará que la vida fluya de forma más armoniosa para ambos.

Hablemos de ello

1. Si creció con su padre, ¿qué responsabilidades asumía él dentro de la familia?

2. ¿Qué responsabilidades asumía su madre?

3. Si está pensando seriamente en el matrimonio, realice el ejercicio propuesto anteriormente.

8

Me hubiera gustado saber que...

Necesitábamos un **PLAN** para **ADMINISTRAR** nuestro **DINERO**

uando Karolyn y yo salíamos juntos y luego decidimos casarnos, nunca se me pasó por la mente que fuera necesario discutir cómo administrar nuestras finanzas. Ninguno de los dos tenía dinero. Después de todo, los dos estábamos recién licenciados. Durante la universidad, vivíamos en la residencia de estudiantes. Nunca había alquilado un apartamento ni pagado una factura eléctrica, nunca había tenido que pagar el préstamo de un coche y casi ni había comprado ropa. Tenía un trabajo a tiempo parcial para cubrir los gastos universitarios. Después del primer año, mis padres tuvieron la amabilidad de regalarme un auto y pagar el seguro. La ropa que llevaba puesta eran regalos de mi familia dados en Navidad o en mi cumpleaños. La experiencia de Karolyn era similar excepto que antes de ir a la universidad, ella había trabajado a jornada completa, tenía su propio apartamento y había pagado facturas.

El único plan financiero que teníamos era que ella trabajara a tiempo completo, mientras yo me dedicaba de lleno a mis estudios. Ese plan duró dos meses. El trabajo de Karolyn le exigía comenzar a las 5:30 de la mañana. Ella no es una persona "mañanera". Su salud fue decayendo, y ambos coincidimos en que el plan no funcionaba. Decidimos buscar los dos un trabajo a tiempo parcial, por las tardes. A ella la contrató bastante rápido uno de mis profesores de la universidad, y yo encontré trabajo en el banco local. Ninguno de los dos ganaba demasiado, pero era suficiente para pagar el alquiler de un apartamento para estudiantes, para las pequeñas necesidades, el combustible del auto y poner comida en la mesa. Ninguno de los dos compró ropa en tres años. Cuando terminé los estudios y comencé a trabajar a tiempo completo, teníamos ahorrado solo ciento cincuenta dólares.

> En aquel tiempo, no teníamos problemas de dinero porque no teníamos dinero.

En aquel tiempo, no teníamos problemas de dinero porque no teníamos dinero. Cuando una pareja está de acuerdo en sacrificarse temporalmente para alcanzar un objetivo marcado —en nuestro caso, la escuela de posgrado—, y mientras se tenga dinero suficiente para pagar las necesidades básicas, no es muy probable que surjan problemas maritales por culpa del dinero. Nuestros problemas comenzaron justo cuando empezamos a ganar dinero.

Nunca habíamos hablado de un plan para administrar nuestro dinero. Tras tres años de sacrificios, a ambos nos encantaba la idea de poder gastar. Sin embargo, teníamos ideas diferentes sobre qué y cuándo comprar. Sin un plan en perspectiva, las finanzas se convirtieron, como le ocurre a muchas parejas, en un campo de batalla. No lo voy a aburrir con batallitas específicas. Lo que quiero decir es que si hubiéramos elaborado un plan antes de casarnos, nos habríamos ahorrado muchas peleas inútiles. En el resto del capítulo, les explicaré un plan de administración económica simple que ha ayudado a cientos de parejas a evitar guerras financieras. Empecemos desde el principio.

"Nuestro dinero": formar una unidad

La primera piedra fundacional para elaborar un plan financiero es acordar que después de casarse, ya no existirá "mi dinero" y "tú dinero" porque será "nuestro dinero". El punto central del matrimonio es el deseo de formar una unidad. "En lo bueno y en lo malo", tratamos de vivir la vida juntos. Esto implica que compartiremos nuestros ingresos y trabajaremos en equipo para decidir qué hacemos con nuestro dinero. El efecto secundario de esto es que sus deudas y mis deudas ahora serán "nuestras deudas", y tendremos la responsabilidad de elaborar un plan para pagarlas. También implica que sus ahorros y mis ahorros ahora serán "nuestros ahorros". Si no está preparado para esa clase de unidad, no está listo para el matrimonio.

Ahorrar, dar, gastar

El segundo paso para elaborar un plan financiero es ponerse de acuerdo en el porcentaje que se ahorrará, se dará o se gastará. Esencialmente, solo se pueden hacer tres cosas con el dinero: ahorrarlo, darlo o gastarlo. Decidir la cantidad que se asignará a cada una de estas categorías es un paso muy importante en un plan financiero.

A través de los años, he animado a las parejas a adoptar un plan "10-10-80". Ahorrar e invertir el 10% de los ingresos netos. El principal propósito de los ahorros es tener un fondo de emergencia para casos de enfermedad o pérdida de trabajo. El segundo propósito es ahorrar para pagar las tarjetas de crédito y las deudas que ambos puedan tener. El tercer propósito de ahorrar es el de hacer compras más importantes, como una casa o un auto. (Ahorrar para la jubilación normalmente forma parte del convenio laboral que uno tenga. Animo encarecidamente a las parejas a participar en cualquier tipo de plan de jubilación que le ofrezca su empleador).

> Sus deudas y mis deudas ahora serán "nuestras deudas".

El otro 10% es para dar. El propósito de dar es expresar gratitud por lo que uno ha recibido. La antigua tradición judía y cristiana anima a dar el 10% de lo que uno gana. La persona más feliz del mundo no es aquella que tiene más dinero, sino la que ha aprendido lo satisfactorio que resulta ayudar a otros. Un antiguo texto cristiano dice: "...Más bienaventurado es dar que recibir".[1]

Para Karolyn y para mí, dar el 10% de nuestros ingresos nunca fue un problema. A los dos nos habían enseñado nuestros padres este principio y lo habíamos practicado individualmente. Así que estuvimos de acuerdo en que ese sería el patrón a seguir. Ninguno de los dos ha lamentado nunca tal decisión. Sin embargo, si este concepto es nuevo para alguno de ustedes, será necesario negociar y llegar a un punto de encuentro sobre él. Si no se ponen de acuerdo en el 10%, ¿qué porcentaje estarían dispuestos a dar? El proceso de negociación y acuerdo antes de casarse les ahorrará muchos problemas con este tema en el matrimonio.

> El error más común que suelen cometer los jóvenes es comprar una casa que está por encima de sus posibilidades.

El otro ochenta por ciento

Esto deja el 80% para dividirlo entre los pagos de la hipoteca (o el alquiler), los gastos regulares, seguros, muebles, comida, ropa, transporte, medicinas, ocio, etc. Cómo distribuir esto es decisión suya. Cuanto más gasten en una casa, menos tendrán para gastar en otras cosas. El error más común que suelen cometer los jóvenes es comprar una casa que está por encima de sus posibilidades.

Antes de casarse, es difícil saber lo que realmente va a costar una casa, los gastos regulares y muchas de las categorías antes citadas. Siempre he animado a las parejas que están pensando en casarse a buscar un matrimonio que lleve casado unos tres años y esté viviendo en un apartamento o casa similar a la que ellos están pensando comprar o alquilar. Hablen con ellos para saber el costo aproximado de los gastos generales que esta trae consigo. Puede que incluso estén dispuestos a darles una lista de los gastos. Esto les proporcionará una idea bastante realista de lo que se puede esperar. Una pauta habitual suele ser no pagar más del 40% de los ingresos netos en este tipo de gastos. Comprar de forma inteligente también es importante. A pesar de los chistes que pueda escuchar sobre la esposa que se gastó cinco dólares en combustible para llegar a una tienda de oportunidades donde se ahorró dos dólares, el comprador inteligente puede conseguir ahorros sustanciales. Ese tipo de compras requiere tiempo y energía. Es trabajoso y requiere mucha perspicacia. Pero el beneficio se observará en el dinero extra obtenido que se puede utilizar para otras necesidades o caprichos. Merece la pena intentar ser bueno en el arte de comprar.

Otro asunto muy importante que las parejas tienen que discutir es el de comprar a crédito. Si tuviera una bandera roja, la estaría agitando en este momento. Los medios de comunicación nos bombardean desde todas las esquinas: "Compre hoy, pague más tarde". Lo que no dicen es que si compramos ahora sin pagar al contado, más adelante pagaremos mucho más. Los intereses varían mucho de un banco a otro. Pueden estar entre el 18% y el 21%. Las parejas deben leer la letra pequeña. El crédito es un privilegio por el que hay que pagar, y el costo no es el mismo en todos los planes.

Un principio simple para tener como guía es el de que si se tiene una tarjeta de crédito, hay que utilizarla solo para emergencias (tratamientos médicos) y necesidades (reparaciones del auto, electrodomésticos importantes). Después, pague lo antes posible. Nunca utilice la tarjeta de crédito para cosas no esenciales, para eso mejor ahorre y pague al contado. Algunos consejeros financieros sugieren a las parejas no tener tarjetas de crédito. Sin embargo, si no tiene un historial de créditos, puede suponer un problema cuando se desea adquirir una casa, un coche o un electrodoméstico importante.

La tarjeta de crédito ha sido para muchas parejas la tarjeta de acceso al "club de la frustración económica". Alienta las compras impulsivas, y la mayoría de nosotros tenemos más impulsos de los que nos podemos permitir. Sé que las tarjetas de crédito pueden resultar de ayuda para tener un registro de las compras y que, si los pagos se hacen rápidamente y en su totalidad, los cargos son mínimos. Sin embargo, cuando tienen tarjetas de crédito, la mayoría de las parejas gastan más de lo debido y alargan los pagos en el tiempo.

> ¿Por qué utilizamos el crédito? Porque queremos *ahora* lo que no podemos pagar ahora.

¿Por qué utilizamos el crédito? Porque queremos *ahora* lo que no podemos pagar ahora. En la compra de una casa, puede ser una opción inteligente. Tendríamos que pagar un alquiler de todos modos. Si se elige bien la casa, se revalorizará con el tiempo. Si tenemos dinero para el pago inicial y podemos afrontar los pagos mensuales, es una buena inversión. Por otra parte, la mayoría de las adquisiciones no se revalorizan con el tiempo. Su valor suele decrecer. Empieza a hacerlo el mismo día que realizamos la compra. Compramos las cosas antes de poder permitírnoslas. Pagamos el precio, más los intereses del crédito, cuando el valor de nuestra compra va depreciándose día a día.

Sé que hay ciertas "necesidades" en nuestra sociedad, pero ¿por qué una pareja joven cree que debe obtener el primer año de casados lo que a sus padres les llevó treinta años conseguir? ¿Por qué necesitan lo más grande y lo mejor en este momento? Con esa filosofía, se destruye el gozo de tener aspiraciones y de ir consiguiendo las cosas. Las necesidades de la vida diaria son realmente pocas y se pueden cubrir con los ingresos que tiene ahora. (Si está en situación de desempleo, la sociedad puede ayudarle. Los más pobres del país pueden tener lo indispensable). No me opongo a que se tengan aspiraciones de conseguir más y mejores "cosas" si estas se utilizan para bien. Lo que estoy sugiriendo es vivir en el presente y no en el futuro. Deje los futuros gozos para los logros futuros. Disfrute hoy lo que tiene hoy. Durante muchos años, mi esposa y yo hemos jugado a un jueguecito que hemos llegado a disfrutar. Se llama: "Veamos de cuántas cosas podemos prescindir de las que todo el mundo piensa que hay que tener". Todo empezó por necesidad en nuestros días en la escuela de posgrado, pero nos enganchamos a ese juego y seguimos jugando a él.

El juego funciona así. Un viernes por la tarde o un sábado, vamos juntos al centro comercial y paseamos por los pasillos mirando todo lo que capta nuestra atención. Leemos las etiquetas, hablamos de lo estupendo que es cada cosa y luego nos miramos uno a otro y decimos: "¿No es genial que sea innecesario tener esto?". Después mientras los demás van cargados de bolsas, nosotros salimos de la mano encantados de no necesitar cosas para ser felices. Recomiendo encarecidamente este juego a las parejas jóvenes.

Otra idea práctica que puede prevenir muchos conflictos es un acuerdo por ambas partes de no realizar una compra importante sin consultar al otro. El propósito de la consulta es llegar a un acuerdo respecto a la adquisición. El término *compra importante* debe tener un equivalente monetario. Por ejemplo, una pareja puede acordar que nunca comprarán nada que supere los cien dólares sin consultar al otro. Es verdad que muchos palos de golf y muchas lámparas estarían todavía en el escaparate si las parejas hubieran seguido este principio. Y también es cierto que serían ahora mucho más felices.

¿Quién lleva la contabilidad?

La última sugerencia que me gustaría hacer a este respecto es que deben decidir antes de casarse quién se ocupará de la contabilidad. El que lleve la contabilidad será el que se encargue de pagar las facturas mensuales y el que realizará el seguimiento de las cuentas en línea. Será quien se encargue de que ninguno se salga del plan de gastos que ambos han acordado previamente. Esto no significa que esa persona tenga que tomar las decisiones financieras. Esas decisiones se toman en conjunto.

No siempre tiene que ser el mismo quien lleva las cuentas. Por una u otra razón, se puede decidir tras seis meses que es mejor que la otra persona se encargue de la contabilidad. Cuando una pareja habla sobre los detalles financieros, suele resultar obvio quién está más preparado para estos temas.

Sin embargo, asegúrense de que aquel que no se encarga de la contabilidad sepa cómo hacerlo y entienda perfectamente todo lo referente a la economía y las cuentas bancarias. Recuerde que forman un equipo, y ambos deben ser plenamente conscientes de los detalles financieros.

Es mi deseo que las ideas que he expuesto en este capítulo les sean de ayuda para que ambos discutan sobre el tema y lleguen a un acuerdo sobre el plan financiero a seguir una vez casados. Ojalá alguien me hubiera dicho que necesitábamos un plan financiero antes de casarnos. Creo que hubiera seguido el consejo.

Hablemos de ello

1. ¿Cuál es su plan financiero actual? (¿Cómo utiliza su dinero?) Sea lo más detallista posible. Si está pensando en casarse, pídale a su pareja que haga lo mismo.

2. ¿Da el 10% de sus ganancias?

3. ¿Pone al menos el 10% de sus ganancias en una cuenta de ahorro o en un plan de inversión?

4. Discuta los puntos 2 y 3 con su futura pareja y lleguen a un acuerdo sobre qué harán después de casados.

5. Comience a hacer de forma individual aquello que planea hacer después de casarse. O sea, si acordaron ahorrar el 10% de sus ganancias una vez casados, empiece a hacerlo mientras está soltero. (Lo que haga ahora será un buen indicador de lo bien que seguirá el plan después de casarse).

6. Si está prometido, cuéntele a su pareja cuáles son todos sus activos y pasivos. Sea totalmente realista en cuanto a sus deudas y recursos.

7. Juntos, desarrollen un plan de pagos para las deudas que tendrán cuando se casen.

8. Juntos, elaboren un plan de gastos para después de casarse. Deben incluir información respecto a la casa y los gastos corrientes.

9. Discutan y lleguen a un acuerdo de que ninguno de los dos realizará una compra importante sin consultarle al otro. Si no hay acuerdo, no hay compra. (Acuerden el valor monetario exacto de lo que significará "una compra importante").

10. ¿Quién se hará cargo de la contabilidad? ¿Por qué?

9

Me hubiera gustado saber que...

La mutua SATISFACCIÓN sexual no es algo AUTOMÁTICO

Esta fue otra área del matrimonio en la que nunca pensé que tendríamos problemas. Yo era todo un hombre; ella era toda una mujer, y ambos sentíamos una gran atracción sexual. ¿Qué más podíamos necesitar? Yo creía que esta parte del matrimonio iba a ser como estar en el cielo para los dos. Tras la boda, descubrí que lo que para uno era el cielo, podía ser el infierno para el otro.

Nadie me dijo nunca que los hombres y las mujeres eran diferentes. Claro que yo conocía las diferencias fisiológicas obvias, pero no sabía casi nada de la sexualidad femenina. Creía que ella disfrutaría tanto como yo; que le apetecería hacerlo con tanta frecuencia como a mí; y que lo que me daba placer a mí, también se lo daría a ella. Repito: no sabía casi nada de la sexualidad femenina. Y descubrí que ella tampoco sabía mucho de la sexualidad masculina.

Si hubiera leído algo sobre el tema, habría descubierto que las antiguas escrituras hebreas tenían razón cuando sugerían que una pareja de recién casados tardaba un año en aprender a satisfacerse sexualmente uno al otro.[1] Una vez más, digo que estaba ciego por mi falta de información. De lo que voy a hablar en este capítulo es algo que me hubiera gustado saber sobre el sexo antes de casarme.

Primero, me hubiera gustado saber que mientras los hombres se centran en el acto sexual, las mujeres se centran en la relación. Si la relación ha sido dañada por palabras duras o un comportamiento irresponsable, a la esposa le resultará muy difícil estar interesada en el sexo. Para ella, el sexo es un acto íntimo y surge de una relación amorosa. Irónicamente, los hombres a menudo piensan que el acto sexual resuelve todos los problemas que puedan existir en la relación. Una esposa me dijo una vez: "Me habla con mucha ira y treinta minutos después dice que lo siente y me pide que hagamos el amor. Me dice: 'Déjame demostrarte cuánto te amo'. Cree que hacer el amor lo solucionará todo. Pues se equivoca. No puedo tener una relación sexual con un hombre que me ha maltratado verbalmente".

Que un esposo espere que su esposa esté dispuesta a tener una relación sexual después de un altercado es esperar lo imposible. Las disculpas sinceras y el perdón genuino deben preceder al acto de "hacer el amor".

Otra forma de expresar esta realidad es que para una mujer el sexo empieza en la cocina, no en la habitación. Si él habla el lenguaje del amor de ella en la cocina, ella estará mucho más dispuesta a tener sexo cuando lleguen a la habitación. Si su lenguaje del amor es *actos de servicio*, que él lave los platos o saque la basura la estimulará sexualmente. Recuerdo que un hombre me dijo: "Si hubiera sabido que a mi mujer le parecía *sexy* que yo sacara la basura, lo habría hecho dos veces al día. Nadie me dijo nunca eso".

> "Si hubiera sabido que a mi mujer le parecía *sexy* que yo sacara la basura, lo habría hecho dos veces al día".

Por otra parte, si el lenguaje del amor de ella es *palabras de afirmación*, hacerle un cumplido por la comida o decirle lo bonita que está provocará en ella el impulso de tener una relación sexual con él. El mismo principio funciona con cualquiera de los lenguajes del amor. Mientras que el esposo puede tener una relación sexual satisfactoria con su esposa, aunque su "tanque del amor" no esté lleno, a la esposa eso le resultará extremadamente difícil.

Segundo, me hubiera gustado saber que para la esposa, los *preliminares* son más importantes que el acto sexual en sí. Mientras que a una mujer le gusta hervir a fuego lento, los hombres tienden a llegar al punto de ebullición mucho antes. Son las caricias y los besos preliminares los que les hacen desear el acto sexual. Si el esposo se apresura hacia el final, ella se queda con la sensación de "¿Qué tiene esto de especial?". Sin los suficientes preliminares, la esposa a menudo se siente forzada. Una esposa dijo: "Quiero sentirme amada. Todo lo que a él le interesa es practicar el acto".

Tercero, me hubiera gustado saber que la mutua satisfacción no exige el clímax simultáneo. En gran parte debido a las películas modernas, muchas parejas se casan con la idea de que "cada vez que hagan el amor, alcanzarán el clímax de forma simultánea y que ambos disfrutarán al máximo". La realidad es que rara vez las parejas llegan al clímax o tienen un orgasmo simultáneamente. Lo que importa es que ambos experimenten el placer del clímax o del orgasmo. Ese placer no tiene por qué suceder de forma simultánea. De hecho, muchas esposas comentan que prefieren llegar al orgasmo como parte de los preliminares. Cuando la estimulación del clítoris les da el placer del orgasmo, están preparadas para que él complete el acto sexual y experimente el placer del clímax. Las expectativas poco realistas del clímax simultáneo han producido una ansiedad innecesaria en muchas parejas.

Cuarto, me hubiera gustado saber que cuando alguien fuerza a su pareja a participar en una forma particular de expresión sexual, este deja de ser un acto de amor, para convertirse en abuso sexual.

El verdadero amor siempre está buscando proporcionar placer a la otra persona. No exige que la pareja haga algo que considera cuestionable. Si no están de acuerdo en una forma particular de expresión sexual, se impone la comunicación y la negociación. Si no se puede llegar a un acuerdo, entonces se deben respetar los deseos de la parte que tiene objeciones. Infringir este principio es sabotear la mutua satisfacción sexual.

Quinto, me hubiera gustado saber que el sexo es más que el acto en sí. Por su misma naturaleza, el sexo es una experiencia de unión. Es la unión de un hombre y una mujer de la forma más íntima. No es solo la unión de dos cuerpos. Es la unión del cuerpo, el alma y el espíritu. Creo que por eso la fe cristiana y la mayoría de las religiones del mundo reservan el acto sexual para el matrimonio. Está diseñado para ser *la* experiencia de unión única y especial que une a una esposa con su esposo en una relación íntima de por vida. Si el acto sexual sólo se considera un modo de liberar tensiones sexuales o de experimentar un momento de placer, deja de tener el propósito para el que fue diseñado. Y, al final, se convertirá en un acto mundano de egoísmo. Por otra parte, cuando la relación sexual se considera un acto de amor que expresa de la forma más profunda posible nuestro compromiso mutuo, conduce a la mutua satisfacción sexual.

Sexto, me hubiera gustado saber que la comunicación es la clave de la satisfacción sexual. En una cultura saturada de charlas explícitas sobre sexo, me sorprendo constantemente de la cantidad de parejas que entran en mi oficina de consejería sin haber aprendido a hablar sobre esta parte de su matrimonio. Si han intentado hablar, con frecuencia han acabado tropezando con la condena o el rechazo. Se han centrado más en *hablar* que en *escuchar*. La única manera de aprender lo que da placer o lo que produce rechazo a la otra persona es escuchando. Nadie es capaz de leer la mente del otro. Por eso he pasado buena parte de mi vida animando a las parejas a aprender a escuchar con empatía.

Escuchar con empatía es escuchar intentando descubrir lo que la otra persona piensa y siente. Cuáles son sus deseos y frustraciones. A menudo animo a las parejas jóvenes a hacerse esta pregunta una vez al mes durante los seis primeros meses de matrimonio: "¿Qué podría hacer o no hacer para que la parte sexual de nuestro matrimonio fuera mejor para ti?". Anote la respuesta y considérela seriamente. Si hacen esto durante los seis primeros meses de matrimonio, estarán en el buen camino para hallar la mutua satisfacción sexual.

> "¿Qué podría hacer o no hacer para que la parte sexual de nuestro matrimonio fuera mejor para ti?"

Séptimo, me hubiera gustado saber que el pasado nunca se queda en el pasado. En una cultura abierta a la sexualidad como la actual, muchas parejas han sido sexualmente activas antes del matrimonio. Comúnmente se tiene la idea de que la experiencia sexual antes del matrimonio prepara mejor para la vida conyugal. Todas las investigaciones demuestran lo contrario. De hecho, la tasa de divorcio es dos veces más alta entre aquellos que han tenido relaciones prematrimoniales.[2] La realidad es que las relaciones prematrimoniales se convierten a menudo en una barrera psicológica para la consecución de la unión sexual dentro del matrimonio.

La cultura nos ha enseñado que el sexo antes del matrimonio es recreativo, y que una vez casados se hace borrón y cuenta nueva, uno se compromete a ser fiel a su pareja, y todo marcha bien. Sin embargo, no es tan fácil hacer borrón y cuenta nueva. Las parejas luchan a menudo contra el deseo de conocer el historial sexual de su compañero y, cuando lo saben, a veces es un recuerdo difícil de borrar. En lo que se refiere al matrimonio, algo muy dentro de la psique humana demanda la relación exclusiva. Y nos duele pensar que nuestra pareja ha intimado sexualmente con otros.

Creo que es mucho mejor tratar el pasado sexual antes de casarse. Cuando permanecemos callados sobre este tema y nos casamos sin discutir nuestras actividades sexuales pasadas, casi siempre el pasado encuentra la forma de irrumpir en el presente. Cuando esto sucede después de casarse, el sentimiento de decepción suele ser más difícil de superar que la actividad sexual en sí misma. Si conocer la verdad sobre el pasado sexual no ayuda a encontrar sanidad y aceptación antes del matrimonio, mi consejo es posponerlo hasta que los dos hayan superado el tema por sí mismos o con la ayuda de un consejero. Si al final no consiguen superar o aceptar el pasado, mi consejo es que no sigan adelante con los planes matrimoniales.

Espero que las ideas expresadas en este capítulo le ayuden a llegar al matrimonio con una idea más realista de lo que significa la satisfacción sexual mutua. Tengo una última sugerencia. Durante el primer año de matrimonio, lean y comenten un libro sobre sexo marital. Encontrará algunas sugerencias sobre el tema en la sección de recursos al final del libro.

Hablemos de ello

1. ¿Cómo describiría la actual perspectiva cultural sobre el sexo?

2. ¿En qué está de acuerdo, o en desacuerdo, sobre esta perspectiva?

3. Las investigaciones indican que las parejas que tienen relaciones prematrimoniales tienen una tasa de divorcio mayor que las que no las tienen. ¿Cree que eso será cierto?

4. ¿Hasta qué punto ha compartido su historial sexual con la persona con la que está saliendo?

Me hubiera gustado saber que...

Me estaba CASANDO con una FAMILIA

i cree que tras el matrimonio sólo estarán ustedes dos, se equivoca. Se ha casado con una familia, en lo bueno y en lo malo. Sus familias no desaparecerán el día después de la boda. Les concederán unos días de soledad para que disfruten de su luna de miel, pero luego esperarán formar parte de sus vidas. En algunas culturas no occidentales, la implicación familiar es más pronunciada y patente. En algunos casos, la novia se traslada a vivir a casa de los padres de su esposo y vive allí indefinidamente. Después de todo, se ha pagado la dote, y ella pertenece a la familia. La madre de él le enseña a ser la esposa que él necesita. En las culturas occidentales, las relaciones con la familia política no están formalizadas de manera tan rígida, pero no obstante son igual de reales.

Durante más de treinta años, las parejas se han sentado en mi consultorio y se han quejado de cosas como estas:

- "Su madre quiere decirme cómo debo cocinar. Llevo cocinando diez años. No necesito su ayuda".
- "No le gusto a su padre. Le cuenta a sus amigos que su hija se ha casado por debajo de sus posibilidades. Supongo que él hubiera preferido que fuera doctor o abogado. No tengo el valor suficiente para decirle que siendo fontanero gano más dinero que cualquiera de esos".
- "Su hermana y su madre nunca me incluyen en sus actividades sociales. Invitan a mi concuñada, pero nunca me invitan a mí".
- "Su hermano es adicto a los deportes. No tenemos mucho en común. No creo que haya leído un libro en años, y no le interesa la política en absoluto".
- "Su padre es contador. Cada vez que estamos juntos, me aconseja cómo administrar nuestro dinero. Francamente, no suelo estar muy de acuerdo con sus consejos, pero intento ser amable".
- "El hermano de mi esposo siempre le está diciendo lo que tiene que hacer. Es cuatro años mayor que él. Supongo que sigue intentando ejercer de hermano mayor, pero me molesta que a mi esposo le influyan tanto sus consejos. Si yo tengo una idea diferente, él siempre se pone del lado de su hermano".
- "Los padres de mi esposa le dan dinero para comprar cosas que no nos podemos permitir. Eso no me gusta nada. Ojalá nos dejaran vivir la vida a nuestra manera".
- "Los padres de mi esposo siempre aparecen sin avisar y quieren que lo dejemos todo para estar con ellos. Está empezando a resultar irritante. No quiero herir sus sentimientos, pero me gustaría que llamaran antes para averiguar si es el momento adecuado de hacernos una visita".

Cuando uno se casa, se convierte en parte de una familia más amplia. Esta familia pueden ser el padre, la madre, la madrastra, el padrastro, hermanos, hermanas, hermanastros, hermanastras, tíos, tías, primos, sobrinos, sobrinas, hijastros y quizá hasta un ex marido o una ex esposa. No se puede ignorar a esta familia por extensión. No van a desaparecer. Su relación con ellos puede ser distante o cercana, positiva o negativa, pero habrá relación porque usted se ha casado dentro de una familia.

La vida será mucho más fácil si puede tener una relación positiva con su familia por extensión. Su relación con ellos depende de las oportunidades que tengan para relacionarse mutuamente. Si viven a miles de kilómetros de distancia de sus respectivas familias, su relación puede ser positiva, pero distante. Las ocasiones de entablar una relación pueden quedar limitadas a las fiestas, las bodas y los funerales. Sin embargo, si viven cerca, puede que se relacionen con mucha asiduidad.

Cinco temas clave

Normalmente la relación más íntima se tiene con los padres de ambos. Por tanto, en este capítulo, quiero centrarme en las relaciones con los suegros respectivos. ¿Cuáles son los asuntos que deben ser procesados con los suegros? Voy a exponer cinco áreas típicas en las que suele ser necesario el entendimiento y la negociación.

Uno de los primeros temas que suelen exigir atención son los días festivos. En lo más alto de la lista, están las vacaciones de Navidad. En la cultura occidental, las familias se reúnen en Navidad mucho más que en cualquier otra fecha. A menudo, el problema está en que los padres de ella quieren que los dos estén con ellos el día de Navidad y los padres de él desean lo mismo. Si todos viven en la misma ciudad, a lo mejor puede hacerse. Si están en el mismo estado, se puede pasar la Nochebuena con los padres de uno y el día de Navidad con los del otro. Sin embargo, si viven en estados alejados, hay que negociar el pasar la Navidad con los padres de uno un año y al siguiente con los del otro, viéndose con estos, por ejemplo, el día de Acción de gracias.

Puede que haya otras festividades que sean realmente importantes para una de las familias, o para ambas.

Además de los días festivos, hay también tradiciones. Una joven esposa me dijo: "Mi hermana y yo siempre llevábamos a cenar a mi madre el día de su cumpleaños. Ahora que estamos casadas, mi esposo dice que no tenemos dinero para que yo tome un avión el día del cumpleaños de mi madre. Me resulta muy difícil aceptarlo. No quiero que mi madre y mi hermana se sientan mal con él por esto, pero me temo que eso es lo que va a suceder". Un marido me contó: "Desde que recuerdo, el Cuatro de julio en mi familia se ha celebrado con una parrillada de pescado. Así que los hombres nos vamos de pesca por la mañana temprano. Es un acontecimiento que dura todo el día. Es la única ocasión en el año que puedo ver a todos mis primos. Mi esposa cree que deberíamos pasar el día con sus padres, pero todo lo que ellos hacen es salir a cenar a un restaurante. Eso se puede hacer cualquier otro día". Las tradiciones se apoyan a menudo en emociones profundas, y nunca deberían tomarse a la ligera.

> A menos que usted haya pasado mucho tiempo con ellos antes de la boda, puede que no tenga mucha idea de cuáles son esas expectativas.

Sus suegros también tienen sus expectativas. A menos que usted haya pasado mucho tiempo con ellos antes de la boda, puede que no tenga mucha idea de cuáles son esas expectativas. Un esposo dijo: "Averigüé de la peor manera posible que cuando mi esposa y yo salíamos a un restaurante con sus padres, ellos pagaban una vez y esperaban que yo pagase a la siguiente. Me sentí muy avergonzado cuando mi esposa me dijo: 'Te toca pagar'. Cuando salimos con mis padres, ellos pagan siempre. Nunca se me ocurrió pensar que mis suegros esperaban que yo pagara".

Algunas de estas expectativas tendrán connotaciones religiosas. Una joven esposa dijo: "Averigüé que cuando pasábamos el fin de

semana con sus padres, esperaban que fuéramos con ellos a la sina-
goga el viernes por la noche, a pesar de que ambos somos cristianos.
Me siento muy incómoda, no quiero herir sus sentimientos. Me pregunto si cuando vengan a visitarnos, ellos también nos acompañarán
a la iglesia el domingo". Su esposo decía: "Cuando vamos a visitar a
su familia el fin de semana, esperan que yo me ponga traje para ir a la
iglesia el domingo por la mañana. Asistimos a una iglesia contempo-
ránea, y solo tengo un traje que compré para el funeral de mi abuela
hace cinco años. Me siento incómodo vistiéndolo".

Los suegros de cada uno pueden tener patrones de comportamiento que nos resulten irritantes o problemáticos. Quizá su suegro
sale con los amigos todos los jueves por la noche y llega a casa ebrio
y ofende a su esposa verbalmente. Su suegra le habla a su mujer de
este comportamiento; ella se lo cuenta a usted. Usted desearía poder
hacer algo, pero no sabe qué. Le preocupa el comportamiento de su
suegro, pero también le irrita que cada vez que su esposa habla con
su madre, la madre saca el tema y su esposa se altera.

María llevaba casada solo cinco meses cuando me dijo en la sesión
de consejería: "Mi suegra es la persona más organizada que conozco.
Debería ver su armario. Cada zapato está en el sitio adecuado, y todos sus vestidos están coordinados por colores. El problema es que
yo no soy muy organizada, y cuando viene a nuestro apartamento,
trata de aconsejarme lo que ella cree que hará mi vida más fácil. Lo
siento, pero yo no soy así. Además, yo no tengo tiempo para tenerlo
todo organizado".

Sus suegros pueden tener también firmes creencias religiosas diferentes a las suyas. Un esposo me comentó una vez: "Cada vez que
estoy cerca de su padre, es como si quisiera convertirme a su rama
del cristianismo. Soy cristiano, pero no soy tan dogmático e insisten-
te como él. Creo que la religión es un tema personal, y me molesta
que intente presionarme para que esté de acuerdo con él".

Susana, que creció en un hogar luterano, dijo: "La familia de él es bautista, y están constantemente hablando de que yo tengo que bautizarme. Fui bautizada de pequeña y no siento ninguna necesidad de ser bautizada de nuevo. Ellos actúan como si eso fuera de vital importancia. No lo entiendo".

Aprender a escuchar

En estas y en muchas otras áreas, descubrirá que sus suegros son individuos con pensamientos, sentimientos y deseos propios. Puede que difieran mucho de los suyos. Así que, ¿cómo se puede construir una relación positiva con los parientes políticos? Sugiero que el proceso comience aprendiendo a escuchar con empatía, que quiere decir escuchar intentando entender lo que piensan, cómo llegaron a esa conclusión y cuán arraigados están esos pensamientos.

Por regla general, a la mayoría de nosotros nos cuesta escuchar. Solemos escuchar lo suficiente como para rebatir, y acabamos teniendo discusiones inútiles. Escuchar con empatía implica escuchar sin hablar hasta estar seguro de entender lo que la otra persona está diciendo. Se hacen preguntas aclaratorias como: "Lo que entiendo que estás diciendo es que..., ¿es así?", o "Me da la impresión de que estás pidiendo que..., ¿es eso lo que quieres?". Cuando haya escuchado lo suficiente como para entender con claridad lo que el otro está diciendo y cómo se siente, entonces podrá opinar sobre el tema. Como usted ha escuchado sin condenar, es mucho más probable que el otro quiera oír su perspectiva honesta.

> "Cada vez que estoy cerca de su padre, es como si quisiera convertirme a su rama del cristianismo".

Escuchar con empatía no significa estar de acuerdo con las ideas del otro, pero sí tratarlo a él y a sus ideas con respeto. Si usted respeta sus ideas y le habla con amabilidad, es mucho más probable que él respete las suyas y lo trate amablemente. La comprensión y el respeto mutuo surgen cuando se escucha con empatía.

Cuando tenga que comunicarse con su familia política, hable siempre por sí mismo. En lugar de decir: "Usted me hace daño diciéndome eso", podría decir: "Me siento herido al escuchar lo que dice". Cuando empieza la frase en primera persona, está ofreciendo su perspectiva. Cuando empieza en segunda persona, le está echando la culpa al otro, y lo más probable es que reciba una respuesta a la defensiva por parte de la otra persona. El marido que dice: "Me siento frustrado cuando Kimberly me cuenta que cada vez que usted le habla, menciona el problema que tiene su marido con el alcohol y el maltrato verbal. Me pregunto si usted desea que hagamos algo al respecto y si es así, ¿qué podríamos hacer?", probablemente abra la puerta a una conversación productiva.

Aprender a negociar

El tercer ingrediente para tener una buena relación con la familia política es aprender a negociar las diferencias. La negociación comienza cuando alguien hace una propuesta. Jeremías dijo a los padres de su esposa: "Sé que les gustaría que estuviéramos aquí el día de Navidad para celebrarlo con la familia. Mis padres, lógicamente, quieren lo mismo. Como estamos a 800 kilómetros de distancia, no podemos estar en los dos sitios el mismo día. Estaba pensando que podíamos alternar el día de Acción de gracias con Navidad. Podríamos estar con ustedes en Navidad y con mi familia el día de Acción de gracias, y al año siguiente al revés. Solo estoy pensando en algo que pudiera funcionar para las dos familias".

Jeremías ha hecho una propuesta. Ahora, los padres de ella tienen la oportunidad de aceptarla o modificarla, o de hacer una propuesta diferente. El proceso de escucharse y respetar las ideas de cada uno permite que la negociación siga adelante. Al final, se llegará a una solución con la que todos estarán de acuerdo, y la relación con la familia política se verá fortalecida.

Diferencias en lo referente a vacaciones, tradiciones, expectativas, patrones de comportamiento y religión exigen que negociemos. Las antiguas Escrituras hebreas decían: "¡Mirad cuán bueno y cuán delicioso es habitar los hermanos juntos en armonía!".[1] La armonía implica negociación.

Las negociaciones mejoran cuando se hacen peticiones y no exigencias. Tomás les dijo a sus padres: "Me encanta que vengan a visitarnos, y queremos pasar tiempo con ustedes, así que les tengo que pedir una cosa. En lugar de venir sin avisar, ¿no podrían llamar antes para ver si es buen momento para nosotros? Les digo esto porque la semana pasada aparecieron aquí el jueves por la noche, y yo tuve que quedarme levantado hasta tarde para poder tener listo el informe para el trabajo a la mañana siguiente. Para mí hubiera sido mucho mejor que vinieran el viernes por la noche. ¿Me comprenden? ¿Creen que eso será posible?".

> Las negociaciones mejoran cuando se hacen peticiones y no exigencias.

Tomás ha hecho una propuesta y una petición. Sus padres pueden estar de acuerdo con ella o mostrar cierta resistencia; o puede que propongan un plan alternativo como acordar una noche en particular para visitarlos, a menos que exista una razón específica para cambiarlo a otra noche. De esta manera, haciendo una petición y no exigiendo, Tomás ha conseguido que la relación siga siendo positiva.

Aprender su lenguaje del amor

Mi última sugerencia para mantener una relación buena y positiva con la familia política es aprender el principal lenguaje del amor de su familia política y hablarlo regularmente. Cuando sus suegros se sienten amados de verdad, se crea un clima positivo en el que se pueden negociar las diferencias. Nada comunica mejor el amor que hablar el verdadero lenguaje del amor. Si no conoce el lenguaje del amor de sus suegros, podría regalarles una copia de mi libro *Los cinco lenguajes del amor. Cómo expresar devoción sincera a su cónyuge.* Cuando hayan leído el libro y entendido el concepto, pueden discutir sobre cuáles son sus principales lenguajes del amor, respectivamente. Cuando las familias se comunican amor de manera efectiva, se crea una relación positiva entre parientes políticos.

Ni Karolyn ni yo experimentamos grandes problemas con nuestras respectivas familias. Los dos primeros años de nuestro matrimonio, vivíamos a tres mil kilómetros de distancia de ellas. Navidad era la única fiesta que pasábamos en casa con nuestras familias, pues ambas vivían en la misma ciudad. Mi familia celebraba la Nochebuena, y la suya el día de Navidad. Por lo tanto, las relaciones con las familias políticas eran distantes, pero positivas.

El padre de Karolyn murió antes de casarnos. Cuando terminamos los estudios de posgrado, nos trasladamos a vivir cerca de nuestras familias. Su madre era la capitana de mis animadoras. Su lenguaje del amor era *actos de servicio.* Después de pintarle la casa, todo lo que yo hacía estaba bien. Mis padres nos ayudaron mucho, fueron positivos y nunca exigentes. Yo desde luego no hubiera estado preparado para tratar conflictos con la familia política. Karolyn y yo nunca hablamos del tema. Me doy cuenta ahora de lo ingenuos que éramos. Los cientos de parejas que han pasado por mi consejería me han hecho darme cuenta de que fuimos una excepción. Tener una buena relación con la familia política normalmente exige tiempo y esfuerzo.

Espero que este capítulo les ayude a sacar a la superficie las posibles áreas de conflicto con sus respectivas familias políticas y a hablar de cómo van a resolver estos asuntos. Cuanto más profundamente hablen del tema antes de casarse, menos probabilidades habrá de que sean vulnerables a ello en el matrimonio.

Hablemos de ello

1. Hablen de cómo celebran sus familias normalmente las Navidades u otras festividades. Busquen áreas de conflicto posibles.

2. ¿Qué tradiciones están firmemente arraigadas en cada una de sus familias? Estas tradiciones puede que no tengan que ver con los cumpleaños o las vacaciones, pero pueden ser muy importantes para los miembros de la familia.

3. Intenten descubrir las expectativas que sus familias políticas puedan tener respecto a ustedes después de casarse. Si tienen hermanos o amigos casados, hablen con ellos de las expectativas que tuvieron que afrontar con sus familias políticas.

4. Como el resto de nosotros, los suegros también tienen sus patrones de comportamiento. Algunos son positivos, como jugar al golf los sábados; otros son negativos, como emborracharse los jueves por la noche. ¿Qué patrones observan en sus respectivos padres? Hablen del tema y comenten lo que les puede resultar irritante de ese comportamiento.

5. ¿Qué creencias religiosas arraigadas tienen sus padres? Coméntenlas y hablen de las posibles áreas en las que ustedes se podrían sentir incómodos.

6. Cuando sus padres discuten ideas con las que ustedes no están de acuerdo, ¿qué tan buenos son en reservarse su opinión y escuchar con empatía para poder dar una respuesta

inteligente? Hablen de ejemplos de ese tipo en los que ustedes hayan sabido escuchar bien, o no lo hayan podido hacer.

7. En las conversaciones normales, ¿logran hablar por sí mismos? Cuando no están de acuerdo en algo, ¿con qué frecuencia comienzan las frases con un *tú* en lugar de con un *yo*? Discutan esto y concéntrense en aprender a hablar en primera persona.

8. Cuando dos personas no están de acuerdo, se impone la negociación. El proceso requiere que alguien haga una propuesta, se escuche la contrapropuesta, y se intente buscar una solución con la que todo el mundo pueda estar de acuerdo. ¿Ha logrado hacer esto en el pasado? Comenten los recuerdos que tengan sobre el tema.

9. La negociación mejora cuando se hacen *peticiones* en lugar de *exigencias*. Piense en las veces en que sus peticiones han sonado a exigencias para la otra persona. Pregúntese cómo va a reformular su deseo para que no suene a exigencia.

10. ¿Conocen el principal lenguaje del amor de sus padres? ¿Conocen el de sus suegros? Si es así, ¿qué tan buenos son para hablar esos lenguajes? Si no los conocen, ¿qué van a hacer para averiguar cuáles son?

11. Si la persona con la que quiere casarse ya tiene hijos, les recomiendo encarecidamente que lean y comenten el siguiente libro: *Tus hijos, los míos y nosotros: Siete pasos para tener una nueva familia saludable*[2] de Ron Deal. El conflicto número uno en los matrimonios con hijos es la relación entre el hijo y el padrastro, o la madrastra.

Me hubiera gustado saber que...

ESPIRITUALIDAD *no es lo mismo que* "IR A LA IGLESIA"

Nueve meses después de la boda, Jimena y Matías estaban sentados en mi oficina. Jimena decía:

—Tenemos un problema y no sabemos cómo resolverlo.

—¿Cuál es el problema? —pregunté.

—Matías ya no quiere ir a la iglesia. Dice que la iglesia es aburrida y que se siente más cerca de Dios en el campo de golf que en la iglesia. Así que en los últimos meses, él se va al campo de golf, mientras yo voy a la iglesia. Eso no me parece bien. Nunca creí que iba a suceder esto. Antes de casarnos, Matías iba conmigo a la iglesia todos los domingos. Parecía gustarle. Hablábamos de los sermones. Me dijo que era cristiano, pero ¿cómo se puede ser cristiano y no querer ir a la iglesia? Dice que lo estoy juzgando, y puede que lo esté haciendo. Pero me duele mucho, y estoy empezando a pensar que cometimos un error casándonos.

Para Jimena, el tema parecía estar entre ir a la iglesia o no ir. Sin embargo, Matías tenía una perspectiva espiritual totalmente distinta. Ir a la iglesia no había formado parte de su educación. Mientras estudiaba en la universidad, se involucró en una organización de estudiantes cristiana. Tras varios meses de asistir a reuniones, leer la Biblia y otros libros cristianos, se consideraba a sí mismo cristiano. Mientras él y Jimena fueron novios, él asistía a la iglesia con ella todos los domingos, y le resultaba interesante. Pero ahora que había acabado la universidad y trabajaba a tiempo completo, los cultos de la iglesia le resultaban muy predecibles, y los sermones no le parecían demasiado útiles. Se sentía sinceramente más cerca de Dios en el campo de golf que en la iglesia. No podía entender por qué asistir a la iglesia era tan importante para ella.

Por su parte, Jimena se sentía desolada. Asistir a la iglesia con otros cristianos era uno de los principios de su fe. Era impensable que un buen cristiano no fuera a la iglesia.

—¿Qué haremos cuando tengamos hijos? —preguntaba ella—. No puedo soportar la idea de que mis hijos no vayan a la iglesia.

Noté que Matías se estaba sintiendo muy frustrado.

—Jime, no tenemos hijos —dijo—. Ya discutiremos ese tema cuando llegue el momento.

Matías y Jimena eran una de las muchas parejas que se han sentado en mi oficina durante años y han comentado sus conflictos sobre sus creencias religiosas. Y no obstante, la espiritualidad es uno de los últimos temas de los que se habla durante el noviazgo. De hecho, muchas parejas nunca llegan a comentar sus creencias religiosas. Como consejero esto me resulta muy frustrante.

> Muchas parejas nunca llegan a comentar sus creencias religiosas.

Como tengo estudios de graduado y posgrado en Antropología, a menudo recurro a descubrimientos culturales realizados por antropólogos. Uno de esos descubrimientos es que el hombre es incurablemente religioso. No hay cultura que no haya desarrollado un sistema de creencias sobre el mundo inmaterial. Desde la veneración romana a los dioses mitológicos hasta la creencia en los espíritus malignos de las tribus aborígenes, el hombre cree que hay más de lo que se puede ver con los ojos. El segundo descubrimiento es que estas creencias religiosas influyen en gran manera en el comportamiento de los que creen en ellas. Esto es así tanto en las religiones llamadas primitivas como en las más avanzadas, como el judaísmo, el cristianismo, el budismo, el hinduismo y el islamismo. Nuestra visión de la espiritualidad influye mucho en nuestra manera de vivir.

Por tanto, cuando las parejas están pensando en casarse, hay que poner la religión en la parte superior de la lista de asuntos a tratar. La cuestión es: "¿Son compatibles nuestras creencias espirituales? ¿Desfilamos al son de la misma música?". Pocas cosas tienen el potencial de causar más conflicto que los puntos de vista diferentes sobre la espiritualidad. Por eso la mayor parte de las religiones del mundo animan a sus adeptos a casarse con personas de la misma tradición religiosa. En la fe cristiana, las Escrituras amonestan: "No os unáis en yugo desigual con los incrédulos; porque ¿qué compañerismo tiene la justicia con la injusticia? ¿Y qué comunión la luz con las tinieblas? ¿Y qué concordia Cristo con Belial? ¿O qué parte el creyente con el incrédulo?".[1]

Estas son preguntas decisivas que una pareja inteligente no debería evitar.

¿Qué piensa de Dios?

¿Cuáles son los temas que deben explorarse? Primero está *el concepto de Dios* que tiene cada uno. Las Escrituras hebreas comienzan con estas palabras: "En el principio creó Dios los cielos y la tierra".[2] Y unos párrafos más adelante: "Y creó Dios al hombre a su imagen, a imagen de Dios lo creó; varón y hembra los creó".[3] ¿Hay que tomar literalmente estas palabras? ¿Hay un creador trascendental y poderoso, que no solo creó el universo, sino que también hizo al hombre a su propia imagen? ¿O hay que considerar esto como mitología hebrea? La respuesta a estas preguntas será importante en su percepción de la vida y en su manera de vivirla. Si está de acuerdo en que Dios existe como creador y sustentador del universo, la siguiente cuestión es: "¿Ha hablado Dios?". Las Escrituras cristianas afirman: "Dios, habiendo hablado muchas veces y de muchas maneras en otro tiempo a los padres por los profetas, en estos postreros días nos ha hablado por el Hijo, a quien constituyó heredero de todo, y por quien asimismo hizo el universo; el cual, siendo el resplandor de su gloria, y la imagen misma de su sustancia, y quien sustenta todas las cosas con la palabra de su poder, habiendo efectuado la purificación de nuestros pecados por medio de sí mismo, se sentó a la diestra de la Majestad en las alturas".[4]

Por lo tanto, la creencia cristiana es que Dios ha hablado a través de los antiguos profetas hebreos, como describen las escrituras del Antiguo Testamento, y que Jesucristo es el Mesías profetizado, el Hijo de Dios, que pagó la pena por los pecados del hombre para que Dios pudiera perdonar a la humanidad y seguir siendo así un Dios justo. Por eso los cristianos invitan a todos a aceptar a Cristo como Mesías, a recibir el perdón de Dios y a iniciar una relación de amor con Él.

Sus respuestas a estas preguntas revelarán el nivel de compatibilidad espiritual. ¿Hay un Dios que creó el universo y al hombre a su imagen? ¿Ha hablado Dios? Si es así, ¿cómo ha hablado? ¿Qué ha dicho y cómo he respondido yo a su mensaje? Estas son preguntas fundamentales que es necesario responder honestamente.

He observado que muchos llegan a la edad adulta sin haber explorado nunca su sistema de creencias espirituales. Se denominan a sí mismos budistas, hindúes o cristianos, pero simplemente lo son porque fueron educados en un hogar budista, hindú o cristiano. Son budistas, hindúes o cristianos culturales. Personalmente no han explorado las creencias fundamentales de estas religiones. No elegimos a la familia y, por tanto, tampoco la religión en la que nacemos. Pero cuando somos adultos, tenemos la responsabilidad de buscar la verdad en todas las áreas de la vida. Si se da cuenta de que su religión es simplemente una reliquia cultural, lo animaría a tomarse un tiempo para explorar la historia y las creencias de su herencia religiosa y comentar abiertamente sus averiguaciones con la persona con la que sale. Si no puede ser honesto y abierto sobre sus creencias religiosas antes de casarse, es muy poco probable que pueda serlo después del matrimonio, y sus creencias religiosas se acabarán convirtiendo en una fuente de conflicto.

Explorar las ramas

Dado que el 80% de la población estadounidense dice ser cristiana, y que mi herencia religiosa personal también es el cristianismo, déjenme explorar con mis lectores cristianos algunos temas adicionales que creo que necesitan ser tratados antes de tomar la decisión de casarse. Todos sabemos que dentro de la iglesia cristiana universal hay distintas variedades. Las tres ramas principales son: la ortodoxa, la católica romana y la protestante. Aunque las tres están de acuerdo en ciertas creencias centrales, tales como la divinidad de Cristo, su muerte sacrificial y su resurrección, no están de acuerdo en muchos otros temas. Si está pensando en casarse con alguien que no pertenece a su tradición cristiana, lo animo a que explore ambas tradiciones y trate de buscar y negociar con su pareja las diferencias que surjan. Casarse simplemente porque se está enamorado e ignorar las implicaciones de las diferencias espirituales es signo de inmadurez.

Suponiendo que ambos pertenecen a la misma tradición cristiana, es hora de examinar los puntos más delicados respecto a creencias y prácticas. Dentro de la tradición ortodoxa, tenemos la ortodoxia griega, la rusa, la armenia, etc. Todas ellas tienen creencias y prácticas distintas de un país a otro. Dentro de la iglesia católica romana, las creencias y las prácticas también difieren de un país a otro y a menudo dentro del mismo país. Por ejemplo, recientemente en América ha habido un fuerte movimiento carismático entre los católicos romanos. En la tradición protestante, hay muchas denominaciones: luteranos, presbiterianos, bautistas y metodistas son algunos de ellos. Y hay todo un grupo de iglesias que se definen como no denominacionales. Hay una gran diversidad de creencias y prácticas dentro de los grupos protestantes. Hay que explorar profundamente estas diferencias cuando se está pensando en el matrimonio.

> Casarse simplemente porque se está enamorado e ignorar las implicaciones de las diferencias espirituales es signo de inmadurez.

¿Qué tipo de "cristiano"?

Hasta ahora he estado hablando de diferencias teológicas respecto a la fe y su práctica, pero también me gustaría hablar de la parte personal. Reconocemos claramente que entre los cristianos hay diferentes niveles de compromiso. Por ejemplo, algunas personas que se denominan a sí mismas cristianas van a la iglesia solo en Pascua y Navidad. Fuera de estas fechas, la religión suele tener poca influencia en su vida. Por otra parte, hay muchos que asisten a la iglesia con regularidad. Para unos se trata de un suceso que se produce una vez por semana y dura entre una y tres horas, dependiendo del formato que tenga el culto. Sin embargo, otros participan no solo en el culto, sino también en los grupos de estudio bíblico que ofrecen apoyo espiritual, y además exploran la manera de aplicar las enseñanzas de las Escrituras a sus vidas. Estas personas viven en comunión profunda y cercana con los que asisten al grupo. Están dispuestos a sacrificarse unos por otros. Se preocupan lo suficiente como para ser honestos consigo mismos y a menudo están dispuestos a ayudar de forma práctica a la comunidad. Muchos de estos cristianos también tienen un tiempo devociónal diario durante el cual leen las Escrituras para escuchar la voz de Dios y responderle haciendo preguntas honestas, alabándolo, dándole gracias o pidiéndole ayuda. Estas personas ven el cristianismo como una relación de amor personal con Cristo. Ese "momento de recogimiento" es la parte más importante del día para ellos.

Es muy importante, pues, descubrir con qué tipo de cristiano se está saliendo. ¿Cuál es su nivel de compromiso e implicación con la comunidad cristiana? ¿Cuánta importancia da a su fe? Y, ¿qué tipo de influencia tendrá esa fe en la vida del otro? Debería resultar obvio que alguien que actúa como cristiano solo en Pascua y Navidad será muy diferente a un cristiano que tiene a diario "momentos de recogimiento".

Recuerdo aquella joven que me dijo: "Llevo saliendo con Andrés tres años. Cuando empezamos a salir, me dijo que era cristiano. Tenemos muchos intereses en común y lo pasamos muy bien juntos. Pero me he dado cuenta de que no desfilamos al son de la misma música en lo que se refiere a espiritualidad. Para él el cristianismo es una religión; algo que se hace el domingo, pero que no es muy relevante a la hora de tomar decisiones y de vivir la vida. Para mí el cristianismo es mi vida. No hay nada más importante para mí que pasar mi vida sirviendo a Cristo. Me he dado cuenta de que no tenemos los fundamentos espirituales necesarios para construir un matrimonio cristiano. Por lo tanto, voy a romper nuestra relación".

> Debería resultar obvio que alguien que actúa como cristiano solo en Pascua y Navidad será muy diferente a un cristiano que tiene a diario "momentos de recogimiento".

Creo que esta joven fue sumamente madura. Si tras tres años de relación había visto poco interés por parte de su pareja en implicarse más personalmente en su relación con Dios, pensar que esto iba a cambiar después del matrimonio hubiera sido demasiado ingenuo. Tres años más tarde, ella se casó con un joven que tenía un nivel de compromiso con Cristo similar al suyo, y ambos están en proceso de construir un auténtico matrimonio cristiano.

Muchas parejas que están saliendo no exploran el tema de la espiritualidad. Simplemente asumen que esta área de la vida se arreglará al casarse. Otros hablan abiertamente de los temas espirituales, pero ignoran a menudo los signos de advertencia. Están tan enamorados, disfrutan tanto estando juntos y se ven tan capaces de hacerse felices mutuamente el resto de su vida que cierran los ojos ante las enormes diferencias sobre su espiritualidad.

Jimena y Matías, la pareja que conocimos al principio de este capítulo, acabaron descubriendo la intimidad espiritual. Tras varias sesiones de consejería en las cuales les ayudé a escucharse de verdad uno al otro y a intentar entender lo importante que era el tema para ellos, pudieron confirmar sus respectivas preocupaciones y hacerse amigos en lugar de enemigos. Una vez que dejaron atrás la relación negativa y se convirtieron en amigos que intentaban entenderse mutuamente para poder resolver el conflicto en lugar de tratar de ganar la discusión, la solución vino con bastante facilidad.

Matías decidió dejar el golf del domingo por la mañana y asistir a la iglesia con Jimena. Jimena estuvo de acuerdo en buscar juntos una nueva iglesia en la que él se sintiera más involucrado. Encontraron esa iglesia y ahora están muy involucrados en ella, asistiendo a los cultos y enseñando semanalmente a niños de quinto grado. Ahora tienen un hijo de tres años y ambos están muy satisfechos de haber llegado a un punto de encuentro respecto a su espiritualidad antes de que él naciera.

Las creencias religiosas van acompañadas a menudo de fuertes emociones y convicciones profundamente arraigadas. Incluso los ateos mantienen con tenacidad sus puntos de vista sobre la no existencia de Dios, y esas ideas influyen mucho en su forma de enfocar la vida. En ese sentido, aunque nieguen la existencia de Dios, son extremadamente religiosos. Como nuestras creencias religiosas afectan a toda nuestra vida, es muy importante que exploremos los fundamentos de nuestra compatibilidad espiritual antes de comprometernos al matrimonio. Espero que este capítulo les ayude a hacerlo.

Hablemos de ello

1. ¿Cuáles son las creencias religiosas básicas de sus padres?

2. ¿Dónde se encuentra usted espiritualmente? ¿Ha aceptado, rechazado o modificado las creencias religiosas que le fueron inculcadas de niño?

3. ¿Cuáles son sus creencias básicas respecto a Dios?

4. ¿A qué organizaciones religiosas está afiliado? ¿Cuán activo es en ellas?

5. ¿En qué afectan sus creencias religiosas su vida diaria?

6. Si está pensando en casarse, comente con su pareja las respuestas que ha dado a estas preguntas.

7. ¿Cree que tienen lo suficiente en común como para tener intimidad espiritual en su matrimonio?

Me hubiera gustado saber que...

La PERSONALIDAD
influye profundamente en el
COMPORTAMIENTO

Nadie cuestiona el axioma de que todos somos únicos. La cuestión es: ¿cuán únicos? Ojalá hubiera sabido que la personalidad (esas características que nos hacen únicos) influiría tan profundamente en nuestro matrimonio.

Antes de casarnos, yo soñaba con lo maravilloso que sería levantarse cada mañana y desayunar con mi esposa. Después de casarnos, averigüé que Karolyn no era mañanera. El desayuno no era lo suyo. Tras reflexionar, me di cuenta de que cuando éramos novios, ella me decía: "No me llames por la mañana. No soy responsable de lo que digo o hago hasta el mediodía". Yo me lo tomaba como un chiste y me reía. Nunca la llamé por la mañana porque estaba ocupado con mis cosas. Después de casarnos, descubrí que ella hablaba en serio. Mi sueño de un romántico desayuno junto a mi esposa se rompió en mil pedazos el primer mes de nuestro matrimonio. Yo desayunaba en silencio con la única compañía de los pájaros que cantaban en mi ventana.

Por su parte, antes de casarnos Karolyn pensaba en lo que haríamos de diez a doce de la noche. Nos imaginaba a ambos leyendo y comentando libros, viendo películas, jugando a estimulantes juegos intelectuales y discutiendo sobre temas profundos de la vida. Lo que no sabía ella era que mi motor físico, emocional e intelectual se cerraba a las diez de la noche. La posibilidad de que yo mantenga una conversación intelectual queda disminuida en gran parte después de esa hora. Es cierto que mientras éramos novios, yo estaba espabilado y la acompañaba hasta medianoche. Pero lo que me empujaba entonces era el sentimiento de euforia de "estar enamorado". La excitación de estar con ella y hacer cosas juntos hacía fluir la adrenalina, y ella no tenía ni idea de que esto no continuaría después de casarnos.

Antes de casarnos ninguno sabía que hubiera "personas mañaneras" y "personas nocturnas". Las mañaneras se levantan con la agitación de un canguro, comienzan el día con entusiasmo, mientras que las nocturnas se meten bajo las sábanas y piensan: *Tiene que estar bromeando. Nadie puede estar tan entusiasmado por las mañanas.* Las personas nocturnas tienen su mejor momento a partir de las diez de la noche. Es entonces cuando disfrutan leer, pintar, jugar, hacer todo aquello que exige energía, mientras que las mañaneras a esa hora comienzan a apagarse.

Esta diferencia en la personalidad puede tener una gran influencia en las relaciones sexuales de la pareja. Las personas mañaneras quieren irse a la cama a las diez, acurrucarse y hacer el amor, mientras que las nocturnas piensan: *Tiene que estar bromeando. Yo no puedo irme tan pronto a la cama.* Los mañaneros pueden sentirse rechazados, mientras que los nocturnos se sienten controlados. Esto puede desencadenar peleas y frustración. ¿Existe esperanza para esa pareja?

Desde luego, si deciden respetar sus diferencias y negociar una solución. Por ejemplo, la nocturna puede acceder a tener sexo a las diez si la mañanera le permite dejar la habitación después de hacer el amor y continuar con sus quehaceres hasta medianoche. Sin embargo, si la mañanera insiste en que la nocturna permanezca en la cama después de hacer el amor, esta se sentirá manipulada, controlada y frustrada. Una persona mañanera nunca se hará nocturna, ni una nocturna se convertirá en mañanera. Es algo que forma parte de nuestra personalidad. Con esfuerzo, podemos obligarnos a funcionar en esas horas que no son nuestras preferidas. Pero nunca lo haremos sin esforzarnos.

> Una persona mañanera nunca se hará nocturna, ni una nocturna se convertirá en mañanera.

Si Karolyn y yo hubiéramos sabido que yo era mañanero y ella nocturna, y si durante nuestro noviazgo hubiéramos dedicado algo de tiempo a hablar de esta diferencia, nos habríamos evitado muchos dolores emocionales. No me habría sentido rechazado porque ella no me acompañara a desayunar, ni ella se habría sentido controlada por mi insistencia en irnos a la cama a las diez. Sí, me hubiera gustado saber que las diferencias en la personalidad afectan profundamente nuestro comportamiento.

¿Medio lleno o medio vacío?

Vamos a hablar ahora sobre otras diferencias en la personalidad que a menudo quedan encubiertas o sin discutir antes del matrimonio. El pesimista y el optimista suelen sentirse atraídos entre sí. El optimista ve el vaso medio lleno; el pesimista, medio vacío. El optimista ve posibilidades donde el pesimista solo ve problemas. Todos tenemos cierta tendencia a una cosa o a la otra, pero no solemos ser conscientes de este aspecto de nuestra personalidad.

Durante el noviazgo, asumimos que la otra persona ve el mundo de la misma manera que lo vemos nosotros. Como estamos enamorados y tratamos de acomodarnos uno a otro, esta diferencia en la personalidad no queda visible. Por ejemplo, el optimista tiende a asumir riesgos porque está convencido de que todo acabará bien.

> Durante el noviazgo, asumimos que la otra persona ve el mundo de la misma manera que lo vemos nosotros.

Así, puede sugerir que hagan *puénting* juntos. El pesimista por naturaleza no se arriesga porque asume que podría suceder lo peor. Por lo tanto, puede que ella no se haya planteado nunca hacer *puénting*, pero como admira y confía en su novio, está dispuesta a hacer algo que nunca hubiera hecho por sí misma. El optimista está encantado de salir con alguien tan aventurero como él, sin darse cuenta de que ella está muy lejos de su zona de comodidad emocional.

Dos años después de casarse, cuando él sugiere que los dos vayan a hacer escalada, ella rechaza totalmente la idea. No solo se niega a ir, sino que también se resiste a la idea de que él pueda ir solo o con sus amigos. Ya se ve a sí misma viuda y no puede comprender por qué él desea arriesgarse de esa manera. Por su parte, él se siente totalmente decepcionado con su respuesta. Se pregunta qué le ha ocurrido al espíritu aventurero de ella. ¿Por qué es tan aguafiestas?

Como no han llegado a descubrir y comentar sus diferencias de personalidad antes de casarse, se encuentran inmersos en un conflicto que ninguno entiende. En realidad, ellos se limitan a actuar como lo que son: un optimista y una pesimista. El problema es que ninguno supo cómo era el otro antes de casarse. La euforia de salir juntos les impidió ver sus diferencias. Si hubieran discutido estas diferencias antes de casarse, se habrían dado cuenta de que ella nunca sería una escaladora ni iría a hacer paracaidismo con él. También habrían sabido que cuando él desee hacer esas cosas, se encontrará con la resistencia de su esposa.

Esta diferencia de personalidad es muy probable que cree conflictos en el área de la gestión económica. El optimista tenderá a ser un inversor aventurero, aceptando enormes niveles de riesgo con la esperanza de conseguir resultados positivos. Por su parte, el pesimista querrá invertir en mercados más estables y seguros. Se pasará noches enteras sin dormir si su compañero pone el dinero de ambos en inversiones de alto riesgo. Si la inversión no sale bien, el pesimista culpará al optimista por arriesgar indebidamente el dinero. Es muy probable que el optimista considere que el pesimista no apoya sus ideas y, por tanto, culpará a su pareja de impedirle tener éxito.

La respuesta a las personalidades distintas está en comprender y aceptar las diferencias y no condenarse mutuamente por ser como son. Deben negociar una forma de aceptar la personalidad de ambos. Un plan puede ser acordar invertir una cantidad concreta en valores seguros antes de que el optimista se implique en inversiones de alto riesgo. Una vez hecha la inversión segura, pueden acordar que él invierta una cantidad en valores de alto riesgo con la condición de que si lo pierde todo, ella no lo condenará por ello. Por otra parte, si la inversión tiene éxito, ella lo alabará por sus habilidades como inversor, y celebrarán su éxito financiero juntos.

Si una pareja de novios está dispuesta a negociar este tipo de arreglos antes de casarse, se ahorrarán muchas discusiones innecesarias sobre cómo administrar las finanzas. El mismo principio vale para cualquier otra área en la que pesimista y optimista probablemente tengan diferentes puntos de vista sobre lo que se debe hacer. Entender, aceptar y negociar las diferencias de personalidad es esencial para colocar los fundamentos de un matrimonio sano.

Ordenados y desordenados

También están los ordenados y los desordenados. "Nunca he conocido a nadie tan desordenado como Bernardo", decía Alicia. ¿Cuántas esposas dicen eso de sus esposos antes de llegar al año de casados? Curiosamente, antes de la boda, esto nunca le molestó a Alicia. Bueno, puede que notara que el coche algunas veces estaba un tanto desordenado o que su apartamento no estaba tan limpio como ella hubiera deseado, pero pensaba: *Berni es más relajado que yo. Eso es bueno; me gusta. Necesito relajarme un poco.* Berni, por su parte, miraba a Alicia y veía a un ángel. "¿No es maravilloso que Alicia sea siempre tan ordenada? Ya no tengo que preocuparme de que todo esté limpio, porque ella se hará cargo". Sin embargo, tres años después, él es bombardeado con piedras verbales de condena a las cuales responde con un: "No sé por qué te pones así por unos cuantos platos sucios".

Algunos viven según el siguiente refrán: "Un lugar para cada cosa, y cada cosa en su lugar". Otros no se sienten obligados a colocar en su sitio las herramientas, la ropa, las tazas de café o cualquier otra cosa. Después de todo, se van a usar a la semana siguiente o dentro de dos. Su razonamiento es: "¿Por qué hay que perder el tiempo recogiendo la ropa sucia todos los días? Que se quede en el suelo hasta que sea momento de lavarla. No se irá a ninguna parte y a mí no me molesta".

Sí, pensamos de forma diferente y tenemos dificultades para comprender por qué la otra persona no ve las cosas a nuestra manera. Esta diferencia de personalidad no es difícil de descubrir; simplemente es necesario mantener los ojos abiertos a la realidad durante la época de novios. Fíjese en el coche o en el apartamento y sabrá si la otra persona es ordenada o desordenada. Fíjese en la cocina o en el armario de la habitación y sabrá cuál es su patrón de comportamiento natural. Si ambos están dentro de la misma categoría, tendrán una casa inmaculada o una casa donde hay que pisar por encima de los trastos, pero serán felices. Si pertenecen a categorías distintas, es hora de negociar. Enfréntense a la realidad y, antes de casarse, discutan quién será el responsable de hacer cada cosa para poder mantener un cierto nivel de estabilidad emocional. Si ella está dispuesta a recoger la ropa de él y ponerla en la lavadora como hacía su madre cuando él estaba en la escuela secundaria, está bien. Sin embargo, si ella espera que sea más responsable, él debe cambiar o si no pedirle a su madre que venga a casa todos los días a recogerle la ropa. Desde luego, se puede negociar una solución satisfactoria, pero el momento de hacerlo es antes de casarse.

Cuando el Mar Muerto se casa con un Arroyo que rebosa

Otra área de las diferencias personales es la de la comunicación hablada. Algunas personas hablan libremente de todo. Otras meditan más, son más introspectivas y están menos dispuestas a compartir con los demás sus pensamientos y sentimientos. A menudo a estos últimos los llamo el "Mar Muerto" y a los otros, el "Arroyo que rebosa". En la nación de Israel, el Mar Muerto recibe aguas del río Jordán. Pero el Mar Muerto no desemboca en ninguna parte. Muchas personas tienen ese tipo de personalidad. Pueden recibir toda clase de pensamientos, sentimientos y experiencias durante el día. Tienen un enorme pantano en el cual almacenan esas experiencias del día y son completamente felices sin hablar. De hecho, si se le dice a un Mar Muerto:

—¿Qué pasa? ¿Por qué no hablas esta noche?

Seguramente responderá:

—No pasa nada. ¿Por qué piensas que pasa algo?

El Mar Muerto es totalmente honesto. Se siente feliz sin hablar.

Por su parte, el Arroyo que rebosa es el individuo para quien todo lo que ve o escucha tiene que ser expresado en forma de palabras, normalmente en menos de sesenta segundos. Cualquier cosa que vean o escuchen lo cuentan. Es más, si no hay nadie en casa, llaman a alguien por teléfono para decir: "¿Sabes lo que acabo de escuchar?". No tienen pantano alguno; lo que experimentan rebosa y se lo cuentan a alguien.

A menudo un Mar Muerto se casa con un Arroyo que rebosa. Antes de casarse, las diferencias se consideran atractivas. Por ejemplo, cuando son novios el Mar Muerto puede relajarse. No tiene que pensar: *¿Qué hago para iniciar una conversación?* o *¿qué hago para que fluya la conversación?* Todo lo que tiene que hacer es sentarse, mover la cabeza y decir de vez en cuando: "Ajá". El Arroyo que rebosa se encarga de hacer lo demás. Por su parte, el Arroyo que rebosa encuentra igualmente atractivo al Mar Muerto porque sabe escuchar como nadie. Sin embargo, tras cinco años de matrimonio, el Arroyo que rebosa puede que diga: "Llevamos casados cinco años, y todavía no la conozco". A su vez el Mar Muerto puede estar diciendo: "Lo conozco muy bien. Ojalá dejase de parlotear y me dejara descansar un poco".

Estas diferencias se aprecian también en la manera de contar las cosas. El Arroyo que rebosa tiende a ser un *pintor*. Si está contando lo que le ha pasado, dará una explicación detallada de lo sucedido. Contará si el día estaba nublado o si brillaba el sol; de qué manera soplaba el viento; qué tipo de flores había; y cuántas personas había en el estacionamiento. Por su parte, el Mar Muerto tiende a ser un *apuntador*. Si tuviera que contar la misma experiencia, lo haría de forma mucho más breve y con solo unos cuantos detalles. Simplemente iría "directo al grano". Es un comunicador que se ciñe a lo esencial. Durante el matrimonio, al apuntador le resultará muy difícil escuchar el largo y detallado relato del pintor. A veces interrumpirá para decir: "¿Puedes ir al grano?". Sin embargo, cuando el pintor está escuchando al apuntador, a menudo interrumpirá con preguntas para saber más detalles y tener una idea más completa de la historia.

El *pintor* siempre será pintor, y el *apuntador*, apuntador. No es muy probable que cambien estas formas de expresarse oralmente, y ninguna es mejor que la otra. Sin embargo, si entendemos estas diferencias, es menos probable que intentemos cambiar al otro después de casarnos. El Mar Muerto nunca será un Arroyo que rebosa. Así que aquel que se casa con un Mar Muerto debe aceptar que vive con una persona que no compartirá fácilmente sus pensamientos o sentimientos. La mayor parte de estas personas están abiertas a que se les pregunte, y no les importa responder. No es que el Mar Muerto desee retener información, simplemente no siente la necesidad de compartir pensamientos, sentimientos y experiencias.

Aunque el Mar Muerto puede escuchar sin problemas la charla

constante del Arroyo que rebosa, a veces necesita largos momentos de silencio. Por eso, en ocasiones se sienta delante de la computadora o se pone a hacer otro tipo de actividades. El Arroyo que rebosa debe entender que no es rechazado por el Mar Muerto, él simplemente desea un ambiente más contemplativo. Si estos dos tipos de personalidad tan diferentes se exponen antes de casarse, es menos probable que surjan problemas después.

Pasivos y activos

Un viejo adagio dice: "Algunas personas leen la historia; otras, la hacen". A menudo estas personas están casadas entre sí. El *activo* cree que cada día es una nueva oportunidad para avanzar en la causa. Tratan de conseguir lo que desean, lo que creen que es correcto o lo que creen que debería suceder de forma activa. Irán donde sea, moverán cualquier hilo, harán lo que sea humanamente posible para cumplir con el objetivo de su vida. Por otro lado, el pasivo se pasará el tiempo pensando, analizando, preguntándose: "¿Y si...?" y esperando a que algo bueno suceda. Su lema es: "Todo llega a quien sabe esperar".

Antes de casarse, estos rasgos de personalidad parecen compatibles. El *compañero activo* encuentra reconfortante observar la naturaleza calmada, fría y controlada de la otra persona. Le gusta la naturaleza estable y predecible de aquel que ama. Al *pasivo* le encanta tener a alguien que haga planes y esquemas para el futuro. Admira los logros de su activo amado.

Después de casarse, a la pareja suele resultarle difícil compaginar estos rasgos de personalidad. El activo intentará constantemente que su pareja se ponga en acción: "¡Vamos! Podemos hacerlo" es su mantra. Por su parte, el pasivo no dejará de decir: "Vamos a esperar un poco. Puede que se presente una oportunidad mejor. No te exaltes tanto. Todo se arreglará".

¿Se pueden observar estos rasgos en la etapa de novios? La respuesta es sí, pero a menudo no se discuten. El pasivo tiende simplemente a aceptar todo lo que quiere hacer el activo. Disfruta de la aventura y está inmerso en el sentimiento de estar enamorado. Rara vez expresa su oposición a las ideas del activo. Cuando ambos entran en una habitación, el activo evalúa lo que hay que hacer y se encarga de hacer que suceda, mientras que el pasivo se mantiene en segundo plano, hablando con un amigo o esperando a ver qué le depara la velada. El activo le pide a menudo al pasivo que haga algo específico para ayudar a la causa. Como está enamorado del activo, el pasivo suele aceptar hacerlo e incluso se siente feliz de haber formado parte del proceso.

Aunque no hay nada inherentemente erróneo en estos dos rasgos de personalidad, pueden llegar a irritar tras el matrimonio. Cuando la emoción de estar enamorado se va desvaneciendo, el pasivo se resistirá más a las peticiones del activo y puede sentirse controlado y manipulado. El activo puede sentirse frustrado e incluso enojado ante la actitud titubeante del pasivo. Desde luego, es perfectamente posible que estos dos tipos de individuos tengan un matrimonio exitoso, pero para que esto suceda, el activo tiene que ser comprensivo con la personalidad del pasivo. Debe escuchar las preocupaciones del otro y reconocer lo bueno que aporta al matrimonio. Por ejemplo, "mirar antes de saltar" siempre es una buena idea. Es mucho más probable que sea el pasivo el que esté "mirando" y no el activo. Por su parte, el pasivo debe permitir que el activo utilice sus puntos fuertes y lo empuje a saltar antes de que sea demasiado tarde. Si no puede saltar conscientemente, entonces debería sostener la cuerda mientras el otro salta. Juntos pueden conseguir mucho en la vida, si aprenden a complementarse en lugar de competir entre sí.

Si se discuten estas diferencias de personalidad antes de casarse y se experimenta lo que es trabajar en equipo, es más probable que estas diferencias se conviertan en algo positivo y no en algo negativo una vez estén casados.

Profesores y bailarines

Algunas personas tienen un razonamiento extremadamente lógico. Avanzan siguiendo pasos racionales y alcanzan lo que para ellos es una conclusión lógica. Otras personas simplemente saben en su interior lo que es adecuado en una situación concreta. No pueden explicar por qué o cómo llegaron a tal conclusión; sencillamente saben que esa es la decisión correcta.

A veces denomino al pensador lógico el *profesor*. Para el profesor, todo debe ser razonado: "Debemos tener razones lógicas para todo lo que hacemos. Si no es lógico, no deberíamos hacerlo". La persona intuitiva se parece más a un *bailarín*. "No necesitamos razones lógicas para todo lo que hacemos. Simplemente hacemos las cosas porque disfrutamos haciéndolas. No sé por qué. ¿Acaso tengo que saber siempre el porqué? Quiero hacerlas simplemente porque sí". Antes de casarse, el profesor se enamoró de la sabiduría intuitiva del bailarín, y el bailarín estaba orgulloso de la lógica del profesor. Sin embargo, después de casarse el profesor se está volviendo loco poco a poco con ese mismo comportamiento ilógico, y el bailarín se pregunta cómo puede seguir viviendo con una persona obsesionada con la razón.

> Si se intenta forzar al otro a amoldarse a nuestra personalidad, ambos pasarán la vida en conflicto.

Un esposo le dijo a su esposa:

—Teresa, escúchame. Las paredes no están sucias; no es necesario pintarlas otra vez. ¿Lo entiendes?

—Sí, lo comprendo —respondió su esposa—. Pero ya no quiero tener las paredes pintadas de verde.

El profesor tiene dificultades para tomar decisiones basándose en deseos. El bailarín no se puede imaginar que pueda haber personas que quieran vivir en la prisión de la lógica.

Estas diferencias de personalidad no se suelen descubrir ni discutir

118 Lo que me hubiera gustado saber... ¡antes de casarme!

antes del matrimonio. Durante la etapa de noviazgo, las decisiones suelen tomarse simplemente porque se quiere complacer al otro. Tras el matrimonio, cuando la vida se pone seria y real, este deseo de complacer al otro ya no surge de forma tan natural. Cuando aparecen las diferencias, el pensador lógico intenta presionar al intuitivo para que razone de forma lógica. Eso es esperar y pedir lo imposible. El intuitivo nunca procesará la vida con la lógica del profesor.

Si se intenta forzar al otro a amoldarse a nuestra personalidad, ambos pasarán la vida en conflicto. Debemos reconocer que tanto el pensamiento lógico como el intuitivo son formas legítimas de procesar la vida. Tenemos que concentrarnos no en el proceso mediante el cual llegamos a las conclusiones, sino en encontrar conclusiones en las que ambos podamos estar de acuerdo. Los principios que comentamos en el capítulo cuatro sobre cómo resolver desacuerdos sin discutir serán muy útiles para las parejas con esta diferencia de personalidad.

El organizador y el espíritu libre

El *organizador* presta atención a los detalles, mientras que el *espontáneo*, el "espíritu libre", piensa: "Los detalles se resolverán por sí mismos". Los organizadores planean; se pasan meses preparando un viaje al extranjero. Investigarán en tres páginas web distintas, buscando la mejor tarifa de vuelo. Se asegurarán de que el coche de alquiler tenga GPS [por sus siglas en inglés, sistema de posicionamiento global]. Harán las reservas del hotel con semanas de antelación. Prestarán la misma atención al tema de la comida, de las actividades que realizarán y, desde luego, se asegurarán de llevar el equipo necesario para el viaje. El espontáneo, por su parte, espera hasta la noche antes del viaje y dice: "¿Por qué no vamos a la costa en lugar de a la montaña? El sol es tan hermoso y hace tan buen tiempo...". Esto pone al organizador nervioso y estresado, y las vacaciones se convierten en una tortura.

Antes de casarse, Beatriz estaba impresionada con las dotes organizadoras de Teodoro: "¿Controlas tu cuenta por la computadora a diario? ¡Eso es genial!", pero después de casarse ella pregunta: "¿Quieres que anote cada gasto? Eso es imposible. Nadie hace eso". Teodoro, por supuesto, rápidamente muestra a Beatriz su libreta con cada gasto adecuadamente anotado. Para él simplemente se trata de ser responsable.

Teodoro también cargará el lavavajillas de forma completamente organizada. Los platos, las tazas, los vasos y los cubiertos, todo en el lugar indicado. Beatriz, por su parte, cargará el lavavajillas como la lavadora. Su objetivo simplemente es ser capaz de cerrar la puerta, que el lavavajillas se ocupe de lo demás. Teodoro rápidamente le señalará los platos que se han descascarillado o los vasos que se han roto por no haberlos colocado de la forma correcta.

En mi matrimonio, tardé varios años en darme cuenta de que Karolyn nunca cargaría el lavavajillas de la misma manera que yo. Simplemente carecía de esa habilidad. Todas mis charlas sobre por qué no debía poner dos cucharas juntas con mantequilla de cacahuete en medio cayeron en oídos sordos. Aprendí por las malas que la vida es mucho más que unos cuantos platos descascarillados, algunos vasos rotos y unas cucharas sucias. Tuve que concederle la libertad de ser como es; a su vez, ella libremente renunció a la tarea de cargar el lavavajillas. Si tengo que salir deprisa a una reunión nocturna, ella está encantada de hacer ese trabajo, y yo acepto los resultados.

Teodoro también paga las facturas de forma organizada y metódica. Si está fuera de la ciudad durante unos días en viaje de negocios, espera que Beatriz tenga las facturas bien colocadas en su escritorio cuando él regrese. Sin embargo, es muy probable que ella no recuerde dónde puso el correo o si lo metió en casa o no. Él puede encontrarse las facturas en el coche, tiradas por el suelo o en el sofá debajo de un cojín. Le sorprende que alguien pueda ser tan irresponsable. A

Beatriz le sorprende también sobremanera que alguien pueda llegar a ser tan rígido. Esta diferencia de personalidad es muy posible que aliente los conflictos.

Las diferencias de personalidad se pueden observar fácilmente durante el noviazgo si las parejas se molestan en hacerlo. Sin embargo, la mayoría no lo hace. Si el organizador ve la personalidad espontánea de aquel con quien sale, es muy posible que la admire y responda positivamente a sus ideas improvisadas. Si el espontáneo observa las habilidades organizativas de su compañero, seguramente admirará este rasgo y quizá exprese su apreciación. Sin embargo, si la pareja puede ser un poco más realista y reconocer el potencial de conflicto que hay en esta diferencia de personalidad y comentan la forma de resolver este tipo de altercados durante el matrimonio, se pueden ahorrar el trauma de sobresaltarse por el choque de personalidades después de casarse. Reconocer los conflictos que pueden surgir y discutir las posibles soluciones facilitará el descubrimiento de soluciones cuando aparezca el inevitable problema.

Como las diferencias de personalidad son tan grandes y afectan en gran manera nuestro comportamiento, animo a todas las parejas que estén pensando seriamente en casarse a realizar un test de personalidad. Pocas cosas les ayudarán mejor en los inevitables conflictos que surgirán en el matrimonio, que la comprensión mutua de los patrones de personalidad de cada uno. Así conocerán los puntos fuertes y débiles de cada una de las personalidades. Comentar los temperamentos de ambos puede resultar muy aclarador.

Hablemos de ello

1. En una escala del 1 al 10, valore los siguientes rasgos de personalidad sobre usted mismo, siendo 10 la puntuación más alta, y 1, la más baja.

a. Optimista

b. Pesimista

c. Limpio

d. Descuidado

e. Arroyo que rebosa

f. Mar muerto

g. Apuntador

h. Pintor

i. Activo

j. Pasivo

k. Lógico

l. Intuitivo

m. Organizador

n. Espontáneo

2. Anime a su pareja para que haga el ejercicio anterior, y después comenten juntos las respuestas de cada uno, dando ejemplos de por qué han valorado esa determinada característica con esa puntuación.

Epílogo

En este libro, he compartido con usted lo que me hubiera gustado saber antes de casarme. Si Karolyn y yo hubiéramos discutido los temas de los que he hablado en estas páginas, nuestros primeros años de matrimonio habrían sido mucho más fáciles. Como no hablamos nunca de esos temas, nuestro matrimonio estuvo lleno de conflictos, de malos entendidos y de frustración. Conozco el sentimiento de estar casado, sentirse miserable y pensar: *Me he casado con la mujer equivocada*. Razonaba que si me hubiera casado con "la mujer adecuada", las cosas no serían tan difíciles.

Sí, al final encontramos respuestas a nuestras frustraciones y resolución a nuestros conflictos. Aprendimos a escucharnos de forma comprensiva, a entender los sentimientos y los deseos del otro y a encontrar soluciones que podían funcionar. Durante muchos años, hemos tenido una relación matrimonial cariñosa, alentadora y satisfactoria y hemos invertido nuestra vida en ayudar a otras parejas a descubrir lo mismo. Deseo que este libro ayude a miles de parejas a tener este tipo de matrimonio, sin pasar por los años de dolor y los problemas que nosotros pasamos.

Si está soltero y en estos momentos no sale con nadie, espero que las ideas de este libro se queden en su mente para el futuro. Ahora tiene una visión más realista de lo que es necesario tener en cuenta antes de tomar la decisión de casarse. Cuando empiece a sentir un "hormigueo" cuando está con alguien, espero que saque este libro de la estantería y se deje guiar para conseguir una relación amorosa duradera que lo lleve a tomar la sabia decisión de decir que sí o que no.

Para todos los que están saliendo de forma comprometida con otra persona, espero que este libro sea su compañero de confianza para llegar a conocerse. Los animo a discutir sobre los temas abierta y honestamente, y a tratar de ser realistas sobre lo que descubran. Si lo hacen, creo que tomarán una decisión sabia sobre si deben casarse o no.

Para los que están oficial u oficiosamente "prometidos", espero que indaguen con profundidad en los temas que he planteado. Los animo a no limitarse a leer los capítulos; respondan a las preguntas y sigan las sugerencias que hago al final de cada capítulo. Algunos pueden descubrir que su compromiso es prematuro; que no se conocen lo suficiente como para tomar esa decisión. Si es así, espero que tengan la valentía de ser honestos, aceptar las contrariedades que esto pueda traer y posponer o incluso romper el compromiso. Les aseguro que un compromiso roto, aunque doloroso, no es ni de cerca tan angustiante como un divorcio después de tres años.

Si, por otra parte, concluyen que tienen lo suficiente en común como para formar un matrimonio exitoso, entonces la discusión de estos temas los preparará para hacer de este sueño una realidad. Creo genuinamente que si las parejas discuten todo el contenido de este libro, llegarán al altar con una visión mucho más realista de cómo tener un buen matrimonio.

Hace algunos años, una encuesta reveló que el 87% de los adultos solteros entre veinte y treinta años afirmaban que querían tener un matrimonio para toda la vida.[1] Han visto divorciarse a sus padres y sintieron la pena del abandono. No desean repetir ese mismo patrón. La tragedia es que muchos de ellos no tienen ni idea de cómo cumplir con la aspiración de tener un matrimonio para toda la vida. Deseo que este libro les proporcione esa información.

Si este libro le resulta útil, espero que se lo recomiende a sus amigos. Me encantará recibir sus comentarios y sugerencias en http://www.5lovelanguages.com [sitio web en inglés].

Apéndice

Cómo tener una RELACIÓN *de noviazgo* SANA

En la cultura occidental, el matrimonio suele ir precedido de un período de citas. En el más amplio sentido de la palabra, una cita es cuando un hombre y una mujer deciden pasar un período de tiempo juntos con el propósito de conocerse mejor. Hay dos etapas distintas en esta época de noviazgo. La primera es un período de citas casuales. Pueden tener tono romántico o no. Puede tratarse simplemente de dos personas a las que les gusta la música clásica que deciden asistir a un concierto y quizá cenar después. O se puede tratar de dos ciclistas que deciden hacer juntos una carrera de treinta kilómetros un sábado. Si no hay interés romántico y ese interés tampoco surge tras un período de citas casuales, la pareja acabará por considerarse amigos y no pensarán en su relación como un noviazgo.

Las citas casuales van acompañadas a menudo de un interés romántico por parte de uno o de ambos individuos. Sin embargo, la pareja puede tener muchas citas sin reconocer que existe ese tipo de interés. Lo que importa en las citas casuales es disfrutar de la vida y compartir intereses comunes. Las citas casuales no suelen exigir exclusividad; o sea, uno o ambos individuos pueden tener citas con otras personas. Aunque el que tenga los sentimientos románticos más fuertes puede sentirse herido sabiendo que el otro tiene citas, no suele verbalizar ese sentimiento porque sabe que no se ha establecido ningún compromiso.

Las citas casuales suelen seguir tres direcciones. Si no hay interés romántico, y ambos tienen intereses en común fuertes, pueden convertirse en amigos que realizan una actividad que tienen en común. Este tipo de relaciones suele durar años.

Otra posibilidad es que las citas terminen. Quizá una de las partes sienta una atracción romántica muy fuerte, y la otra, no. Esto se puede convertir en un conflicto que acaba por destruir la relación. O si ninguno tiene un interés romántico y no tienen un lazo de unión fuerte, la relación termina.

La tercera posibilidad es que con el tiempo, aunque no estuviera presente al principio, las dos personas acaben por sentirse románticamente interesadas. Lo pasan bien juntos y empiezan a pensar que pueden haberse enamorado. La relación entonces pasa de la cita casual al compromiso.

El compromiso es mucho más serio que las citas casuales. Se considera que hay una relación de exclusividad. Si uno de ellos decide citarse con otras personas, el que se siente traicionado experimentará un gran dolor. No dudará en verbalizar su pena, y la subsiguiente conversación llevará al rompimiento de la pareja o al compromiso. Es esta etapa de compromiso la que me gustaría comentar en este apéndice. Creo que desarrollar una relación de compromiso sana es la mejor preparación para llegar a tener un buen matrimonio. No estoy sugiriendo que las parejas que tienen este tipo de relación terminen casándose. Sugiero que una relación sana les permitirá contestar a la pregunta: "¿Nos casamos o no nos casamos?" de forma más inteligente. Por lo tanto, prestemos atención a los factores que caracterizan este tipo de relaciones.

Las citas sanas se centran en "llegar a conocerse" mutuamente. En eso consisten las citas serias. La psique humana es una compleja combinación de herencia y ambiente. Lo que se ve por fuera no tiene por qué ser lo que se encontrará por dentro. Este proceso de descubrimiento requiere un alto nivel de honestidad por parte de ambos. En las primeras citas, solemos "sacar lo mejor de nosotros mismos". O sea, tratamos de dar buena impresión. Pero esta no es la actitud que conduce a una relación buena.

Cada persona tiene su propia historia. Esa historia la ha traído donde está en este momento. No podemos conocernos si no compartimos nuestras historias particulares. Esto significa que debemos estar dispuestos a hablar de nuestros fracasos y nuestros éxitos. Un joven me dijo una vez en la oficina:

—Tengo miedo de decirle que estuve en una cárcel para jóvenes tres meses por robar en una tienda cuando tenía dieciséis años. Temo que si se entera, me deje.

—¿Durante cuánto tiempo quiere ocultar esta información? —le pregunté— ¿Hasta que estén prometidos o hasta estar casados?

—Supongo que no sería muy justo, ¿verdad? —respondió.

Edificar una relación sobre la decepción o escondiendo la verdad es un sabotaje a la pareja. Por naturaleza, estamos dispuestos a compartir nuestro éxito porque nos hace parecer mejores. Dudamos más a la hora de compartir nuestros fracasos porque resultan dolorosos incluso para nosotros. No obstante, una relación sana tiene que construirse sobre la verdad.

Hay dos áreas en las que resulta muy difícil ser honesto. Una es nuestro pasado sexual, y la otra, nuestro historial financiero. Sin embargo, recomiendo encarecidamente a las parejas que salen de forma seria que cuenten esas áreas de su vida. En parte, los motivo a hacer esto porque son los dos aspectos que más conflictos provocan en un matrimonio. Llegar al matrimonio sin hablar de esto es injusto para nuestra pareja y para nosotros mismos.

Hace poco una joven me dijo: "Mi pareja me ha comentado que ha sido sexualmente activo con tres chicas en los pasados ocho años. Debe confesar que esto me parece difícil de sobrellevar. De hecho, todavía estoy intentando asumirlo, pero agradezco que me lo haya contado. Si lo hubiera sabido después de estar comprometidos o de casarnos, creo que me hubiera sentido traicionada". Creo que ella tenía razón y que él fue muy inteligente al decir la verdad. Simplemente porque algo sea "difícil de asumir" no debe ser ignorado. En la vida real, hay que enfrentarse a temas complicados. Aprender a hacerlo durante el noviazgo lo prepara a uno para tener un buen matrimonio en el futuro.

¿Y qué pasa con las finanzas? Hablar de los temas financieros puede resultar difícil, pero también es necesario para tener una relación sana, especialmente si esa relación parece que lleva camino del compromiso y el matrimonio. Comentar cómo manejan las finanzas cada uno de ustedes es muy probable que los lleve a descubrir que tienen diferentes formas de ahorrar, dar y gastar. Negociar estas diferencias antes del matrimonio hará que la transición a la vida de casados resulte más fácil. Por ejemplo, si uno normalmente da el 10% de sus ingresos a obras de caridad y el otro da el 2% o nada, esta diferencia puede conducir a fuertes conflictos maritales si no se subsana antes del matrimonio.

La cantidad y el tipo de deuda también tienen que comentarse. Cuánto dinero tienen ahorrado y con qué propósito es también una información importante. Si uno de ustedes es *ahorrador* y el otro es *gastador*, se impone la negociación. La negociación implica discutir el tema en profundidad y encontrar soluciones aptas para los dos. Estos son temas de los que nunca se habla en la época de las citas casuales, pero cuando se pasa a una relación más seria, y especialmente cuando se está pensando en el compromiso y el matrimonio, son temas muy importantes.

La etapa de noviazgo también permite conocer a la familia de la otra persona y su forma de comportarse. ¿Cómo se relacionan sus padres? ¿Y los padres del otro? ¿Qué tipo de relación tienen ustedes actualmente con sus padres? ¿Hay padres divorciados en alguna de las dos partes? ¿Cuál es su relación actual con ellos? Hay que esforzarse para relacionarse con la familia de la pareja, porque si llegan a casarse, ellos formarán parte de su vida durante mucho tiempo.

En una relación sana, ambos fomentarán los objetivos educativos y vocacionales del otro. Después de todo, la educación y la vocación son una parte muy importante de la vida. El joven que le dice a su novia, que todavía está en la facultad: "¿Por qué no dejas la facultad y te casas conmigo? Voy a hacer carrera en el ejército, y tú no necesitas un título universitario" no es el tipo de hombre preparado para el matrimonio. Esta actitud revela egoísmo. En una relación madura, uno anima al otro, y se ayudan en la consecución de sus objetivos educativos y vocacionales.

Una relación sana también tiene que ser equilibrada. En un esfuerzo por identificar los distintos aspectos de nuestra humanidad, a menudo utilizamos palabras como: *intelectual, emocional, social, espiritual* y *físico*. Aunque en realidad estas cinco palabras nunca pueden estar aisladas porque se entremezclan, resulta útil centrarse en estas cinco áreas durante la época del noviazgo.

Lo *intelectual* tiene que ver con nuestros pensamientos, deseos y percepción de la vida. A menudo hablamos de compatibilidad intelectual. La pregunta es: ¿Podemos compartir nuestras reacciones ante un artículo de periódico o revista y estimular el pensamiento sin condenar o discutir lo que dice el otro? Si nuestras ideas políticas chocan, ¿cómo procesamos esas diferencias? Aprender a no estar de acuerdo sin ser desagradable es una prueba de que existe compatibilidad intelectual. Si un hombre que casi nunca lee un libro está saliendo con una lectora voraz, ¿puede haber fundamento para una compatibilidad intelectual? El que siempre consigue sobresaliente en la facultad puede tener dificultades para comunicarse con una persona que apenas saca aprobados. Intelectualmente, ¿van a la par? ¿Sus conversaciones intelectuales son estimulantes, o todo lo contrario?

El aspecto *emocional* tiene que ver con nuestras respuestas emocionales no solicitadas a los sucesos de la vida. Algunas personas escuchan la sirena del camión de bomberos y se atemorizan. Otras ven a alguien llorando y se sienten muy incómodas. Nuestros sentimientos no son algo que elegimos; simplemente forman parte de nuestra vida. Aprender a compartir estas emociones, entender de dónde proceden y responder de forma positiva a nuestros sentimientos es parte importante del proceso de madurez. Aprender a ayudarnos mutuamente a procesar las emociones permite tener una relación sana.

También somos criaturas *sociales*. Intentamos compartir la vida con los demás. Hay algo en la naturaleza humana que desea vivir en comunidad. Por eso uno de los castigos más severos es el "aislamiento total". Sin embargo, hay muchas formas distintas de cómo, dónde y cuándo pasar tiempo con los demás. Abundan las reuniones sociales en nuestra cultura. Miles de personas asisten cada semana a estadios a ver espectáculos deportivos, mientras que otros van a conciertos de música clásica, al teatro o a la iglesia. Todos estos son encuentros sociales, pero no necesariamente asisten las mismas personas a ellos. ¿Cuáles son sus intereses sociales? ¿Y los de su pareja? Una joven me dijo una vez: "Me resulta muy difícil entender cómo se puede sentar todo el domingo a ver coches que corren en círculos. Si esta es su idea de la vida social, no sé si estamos viviendo en el mismo planeta". Puede que ella tenga razón. Lo bueno es que lo está descubriendo mientras son novios y no cuando ya estén casados.

Otro aspecto de la vida es el *espiritual*. He mencionado con anterioridad que mi especialidad académica es la Antropología, que es el estudio de las culturas. Nunca se ha descubierto una cultura en donde las personas no tengan creencias sobre el mundo inmaterial. El hombre es inevitablemente espiritual. Así que, ¿cuáles son sus conceptos de la realidad espiritual y cuáles son las percepciones de su pareja? ¿Han comentado en profundidad este aspecto de su vida? Debido a que las creencias espirituales suelen afectar al resto de la vida, esta área resulta extremadamente importante. Una mujer me dijo: "No sé si podré seguir con esta relación. Yo soy seguidora de la *wicca*, y él es cristiano. Cada vez que hablamos de ellos, discutimos. Me gusta mucho y me encanta estar con él. Pero no estoy segura de que nuestra relación pueda superar estas diferencias espirituales". Le recomendé que fuera lo suficientemente madura como para enfrentarse a esta realidad.

La quinta dimensión de nuestra humanidad es que somos criaturas *físicas*. Este es el aspecto más tangible y visible para nosotros. A menudo es la atracción física la que impulsa la relación en un principio. Ambos nos sentimos "atraídos" físicamente. El contacto físico reafirmante forma parte de casi todas las relaciones. Las personas difieren ampliamente en lo que creen que es un toque apropiado en una relación. Lo que importa es que se respeten los límites por ambas partes. Obligar a una pareja a sobrepasar esos límites no es un acto de amor, y acabará yendo en detrimento de la relación.

Desdichadamente, en la sociedad actual, el énfasis mal entendido que se pone sobre la sexualidad hace que a muchas parejas les resulte difícil tener una relación equilibrada. El fenómeno actual, en el cual las parejas tienen sexo en la primera cita y luego basan la relación en la experiencia sexual, no entra dentro de la categoría de la cita ni de la relación seria. Este tipo de encuentros surgen o desembocan en la adicción sexual, lo cual no es un buen fundamento para el matrimonio.

Equilibrar los aspectos intelectuales, emocionales, sociales, espirituales y físicos de la vida es una de las características de las relaciones serias. Si está implicado en una relación seria, déjeme animarlo a que utilice los ejercicios de aprendizaje que relacionamos seguidamente para estimular sus ideas y construir una relación sana.

Ejercicios de aprendizaje

1. Como llegar a conocerse es uno de los principales propósitos de las relaciones serias, utilice las siguientes preguntas para estimular la conversación.

   • *¿De qué logros personales han hablado?*

   • *¿De qué fracasos han hablado y qué les queda por hablar?*

   • *¿Hasta qué punto han comentado su historial sexual?*

   • *¿Qué conocen sobre el historial financiero de cada uno?*

2. Puesto que la familia ha influido mucho en ustedes, utilice las siguientes preguntas para fomentar el entendimiento de estas relaciones.

   • *¿Cómo describiría la relación marital de su padre y de su madre?*

   • *Según su perspectiva, ¿cuál era la filosofía principal de sus padres respecto a la educación de los hijos? ¿En qué está o no de acuerdo con ellos en ese tema?*

   • *¿Qué tipo de relación tiene usted en la actualidad con su padre?*

   • *¿Qué tipo de relación mantiene con su madre?*

   • *Una vez casado, ¿en qué le gustaría que se diferenciara su matrimonio del de sus padres?*

3. Dado que los logros educativos y vocacionales son parte importante de la vida, utilice las siguientes preguntas para explorar este aspecto.

   • *¿Cuáles son sus objetivos educativos para los próximos cinco años?*

   • *Por lo que sabe actualmente de lo que le interesa, ¿qué objetivos vocacionales tiene?*

- *¿Su relación ha sido una ayuda o un impedimento a la hora de conseguir sus objetivos? ¿De qué manera?*
- *¿Hasta qué punto siente que su pareja acepta y aprecia sus objetivos?*

4. Ya que una relación sana tiene que ser equilibrada, utilice las siguientes preguntas para identificar áreas que podrían necesitar un mayor desarrollo.

A. Intelectual

1) *¿Se han tomado el tiempo de comparar las notas escolares o de la facultad?*

2) *¿Han leído alguna vez un artículo de prensa o de la Internet y discutido sus mutuas percepciones sobre la validez de ese artículo?*

3) *¿Qué programas de televisión ven normalmente? ¿Con qué frecuencia discuten las reacciones que tienen ante los programas que ven?*

4) *Cuando da su opinión sobre temas políticos, ¿cómo responde normalmente su pareja?*

5) *Cuando tienen desacuerdos, ¿hasta qué punto se siente libre para expresar su punto de vista? ¿Cómo responde normalmente cuando su pareja le comenta el suyo?*

6) *¿Ha aprendido a no estar de acuerdo sin resultar desagradable?*

B. Emocional

1) *¿Qué emociones ha tenido durante el día? ¿Qué ha estimulado esas emociones?*

2) *¿Con qué frecuencia y hasta qué punto comparten sus emociones con el otro?*

3) *Cuando expresa sus emociones, ¿cómo suele responder*

la otra persona? ¿Qué mejoras desearía ver en esa parte de la relación?

C. Social

1) *¿A qué encuentros sociales han asistido juntos en el último mes? Comenten su nivel de disfrute o frustración en ellos.*

2) *¿A qué espectáculos deportivos le gusta más asistir o ver en televisión?*

3) *¿Alguno de ustedes tiene interés en asistir a conciertos? ¿Han hablado de cómo este interés afecta su relación?*

4) *¿Cuántas películas han visto juntos en las últimas seis semanas? ¿Comentan el contenido de las películas después?*

5) *Cuando asisten a reuniones sociales que implican hablar con otras personas, ¿qué le molesta más del comportamiento de su pareja?*

6) *¿Qué mejoras le gustaría ver en esta parte de su relación?*

D. Espiritual

1) *¿Han comentado sus respectivos trasfondos espirituales?*

2) *Si ha crecido en un hogar religioso, ¿ha abrazado la fe de su infancia o la ha rechazado? ¿O todavía está intentando decidirlo? ¿Cuál es su punto de vista sobre Dios?*

3) *Si tienen hijos, ¿los educará en una fe en particular?*

4) *¿Qué cambios le gustaría ver en esta parte de su relación?*

E. Físico

1) *¿Qué tipo de caricias comunican amor para usted?*

2) *¿Han discutido lo que consideran toques inapropiados?*

3) *¿Hasta qué punto se ha sentido presionado a aceptar caricias que considera inadecuadas?*

4) *¿Qué cambios le gustaría ver en este aspecto de su relación?*

Notas

CAPÍTULO UNO: *Estar enamorado no es la base adecuada para construir un matrimonio de éxito*

1. Dorothy Tennov, *Love and Limerence* [Amor y enamoramiento] (Nueva York: Stein and Day, 1972), p. 142.

CAPÍTULO TRES: *El refrán "De tal palo, tal astilla" no es un mito*

1. James Garbarino, *Lost Boys: Why Our Sons Turn Violent and How We Can Save Them* [Niños perdidos: Por qué nuestros hijos se vuelven violentos y cómo salvarlos] (Nueva York: Free Press, 1999), p. 50.

2. Theodore Jacob y Sheri Johnson, *"Parenting Influences on the Development of Alcohol Abuse and Dependence"* [Influencia de los padres en el abuso y la dependencia del alcohol] en *Alcohol Health and Research World.* Vol. 21, n.º 3 (1997), pp. 204-209. Para información adicional, ver la página web de la Asociación nacional de hijos de alcohólicos (*National Association for Children of Alcoholics*), en línea http://www.nacoa.net/impfacts.htm [recurso en inglés].

CAPÍTULO CINCO: *Disculparse es señal de fortaleza*

1. 1 Juan 1:8-9.

2. Gary D. Chapman y Jennifer Thomas, *The Five Language of Apology: How to Experience Healing in All Your Relationships* [*Los cinco lenguajes de la disculpa: desarrolle relaciones saludables y exitosas con los demás*] (Chicago: Northfield Publishing, 2006), pp. 125-28. Publicado en español por Tyndale en español.

CAPÍTULO SEIS: *El perdón no es un sentimiento*
1. Salmos 103:12.

CAPÍTULO OCHO: *Necesitábamos un plan para administrar nuestro dinero*
1. Hechos 20:35.

CAPÍTULO NUEVE: *La mutua satisfacción sexual no es algo automático*
1. Deuteronomio 24:5
2. Ver William G. Axinn y Arland Thorton, *"The Relationship Between Cohabitation and Divorce: Selectivity or casual influence?"* [Relación entre cohabitación y divorcio: ¿selección o influencia casual?] en *Demography* [Demografía] 29 (1992), pp. 357-74; y Zheng Wu, *"Premarital Cohabitation and Postmarital Cohabitation Union Formation"* [Cohabitación premarital y postmarital en la formación de parejas] en *Journal of Family Issues* [Revista sobre asuntos de familia] 16 (1995), pp. 212-32.

CAPÍTULO DIEZ: *Me estaba casando con una familia*
1. Salmos 133:1.
2. Ron L. Deal, *Tus hijos, los míos y nosotros: Siete pasos para tener una nueva familia saludable* (El Paso, TX: Casa Bautista de Publicaciones, 2006).

CAPÍTULO ONCE: *Espiritualidad no es lo mismo que "ir a la iglesia"*
1. 2 Corintios 6:14-15.
2. Génesis 1:1.
3. Génesis 1:27.
4. Hebreos 1:1-3.

EPÍLOGO
1. Kim McAlister, *"The X-Generation"* [La generación X] en *HR Magazine* [Revista HR] 39 (mayo, 1994), p. 21.

Recursos

Páginas web

Dr. Gary Chapman: www.5lovelanguages.com. Numerosos recursos para ayudarle a descubrir el matrimonio que siempre deseó tener [recurso en inglés].

Vida en Familia: www.vidaenfamilia.org. Varios recursos sobre el matrimonio.

Conceptos Financieros Crown: www.conceptosfinancieros.org. Herramientas financieras de utilidad. Excelente para los que están empezando.

Libros

Deal, Ron L., *Tus hijos, los míos y nosotros* (Casa Bautista de Publicaciones). Siete pasos para formar con éxito una nueva familia.

Downs, Tim y Joy, *¡Juege limpio! Cómo ganar en los conflictos sin perder en el amor* (Unilit). Consejos para manejar los conflictos en el matrimonio.

Eggerichs, Emerson, *Amor y Respeto* (Grupo Nelson). Lo que las esposas y los esposos realmente desean.

Evans, Tony, *Solo para hombres casados* y *Solo para mujeres casadas* (Portavoz). Perspectivas bíblicas.

Jaime Fasold, *Tu media naranja* (Portavoz). Consejos sobre cómo encontrar la pareja ideal.

Hillerstrom, P. Roger y Karlyn, *Descubra la differencia entre amor y sexo* (Portavoz). Presenta un enfoque bíblico del amor y del sexo.

Leman, Kevin, *Música entre las sábanas* (Unilit). La intimidad sexual.

Townsend, John y Henry Cloud, *Límites en el matrimonio* (Vida). Cómo tratar algunos temas psicológicos.

Wright, H. Norman, *Cómo encontrar su pareja perfecta* (Portavoz). Respuestas bíblicas para ayudarle a tomar una de las decisiones más importantes de la vida.

Ed Young, *Los 10 mandamientos del matrimonio* (Unilit). Consejos de un reconocido pastor.